開運夢占い

あなたの深層心理がわかる

JINGUKAN

あなたの深層心理がわかる開運夢占い

◇はじめに

古代では、夢は神からの啓示であると考えられてきました。夢によって未来が見えたり、現在の記憶にはない過去の風景や、今は亡き家族との会話が夢の世界では現実のようにあらわれてきます。

夢の研究者としても有名なオーストリアの精神医学者、ジークムント・フロイトは、普段は表にあらわれない感情や欲求が解放され、夢に出てくると考えました。この抑制された意識をフロイトは「無意識」と名付けました。フロイトは医者としての立場から、無意識の夢が現実世界で治療に役立つと考え、実際に大きな治療効果をもたらしたのです。

また、フロイトの弟子だったスイスの心理学者、カール・グスタフ・ユングは、夢の中はその人が抱えている悩みや心理状態をあらわしているものとしました。そして、無意識の中に隠れている願望を解き明かし、運命を変えてしまうこともあるというのです。こうした二人の考え方がその後も脈々と受け継がれ、現代に至っているというわけです。

人は誰でも二つの世界を持っています。ひとつは現実の世界、もうひとつは夢の世界です。現実の世界では、恋人がいるのに昔の恋人に再会し復縁してしまったら、現在の恋人を傷つけることになります。ところが、夢の世界で同じ現象が起きたらどうでしょう。目が覚めたら「夢でよかった」と思う人は、過去が清算され新しい自分に生まれ変わり、現在の恋人と継続できる夢です。「実際に会いたいな」と思う人は、現在に満足できず心がさびしい様子をあらわし、自分を変えていかなければと思う忠告夢となります。

夢とは心の中のあらわれで、良い夢は気持ちいい朝を迎え、悪い夢は朝から疲れがとれない感じを覚えます。夢を「なんだ～、夢か」で終わらせずに、夢の中にいるもう一人の自分自身と向き合うことで秘めている潜在能力を引き出しましょう。

どのような夢だとしても、夢は未来の自分から現在の自分への貴重なプレゼントと思えば二つの世界が楽しくなります。

本書が、夢からの大切なメッセージを読み取り、凶夢を消去し現実世界の自分を守り、これからの人生をどう生きるかを見つけるための一助となれば幸いです。

開運夢占い

もくじ

第1章 夢でさまざまなことがわかる

夢の内容を覚えておくこと

夢占いをするには、まずは夢を覚えておかなければなりません。人間の脳は物事を次から次へと忘れるように動いています。

ドイツの心理学者、ヘルマン・エビングハウスの実験結果によりますと、人間の脳は一時間後には約56％、一日後には約77％の記憶が消えるといわれています。つまり、夢から覚めた瞬間から、人間の脳は忘却の方向へ向かってしまうのです。

ですから、まずは夢の内容を覚えておくこと、これが重要になってきます。そのためには夢日記をつけることを習慣にしましょう。

しっかりとした文章で書く必要はありません。イラストでも箇条書きでもOKです。印象に残っている事柄を記入する程度でもいいのです。

文字や絵を描くのが苦手な人は、ボイスレコーダーなどに音声で残す手もあります。ただし、音声の場合でもなるべくそのあとに内容を書きとめ、時系列に並び替え、あとから読み返せるよう整理することをおすすめします。

ここがポイント

夢の内容はすぐ忘れてしまいます。夢占いの第一歩は夢の内容を覚えているかどうかです。メモなどをして夢の内容を残しておきましょう！

メモ書きや日記として視覚的にまとめておくことで、あとで読み返したとき、自分の夢の傾向がとても分析しやすくなるからです。

- ◆場所……どこにいるのか
- ◆人物……誰が出てきたか
- ◆感情……楽しかったか、悲しかったか
- ◆天候……晴れていたか、雨が降っていたか
- ◆服装……何を着ていたか

すべて覚えていなくても大丈夫です。最終的に記録されたものが、その日に見た夢の中で一番印象に残っている事柄となり強いメッセージになるからです。なかには、匂いや味が強く残る場合もあるでしょう。

視覚的な物事だけではなく、夢には五感にも訴える力があることを覚えておくことは、後々夢の分析において大いに役立ちます。

実際には聞こえていない音であっても、夢の中で誰かに言われた言葉が記憶に残っていれば、それは夢の中であっても、聴力が働いた証なのです。記憶に残ったその言葉をメモしておいてください。見た夢をしっかりと覚えておくことが未来を占う第一歩となります。

夢日記を作ることは夢占いを通じて自分を見つめ直す第一歩となります

「正夢」や「逆夢」とはどんな夢のこと?

「正夢《まさゆめ》」とは、夢の世界で起きたことが現実に起きることです。「逆夢《さかゆめ》」とは、夢に見た反対のことが起きる現象のことをいいます。

ただ、ここで注意してほしいのは、悪い夢を見てしまったからといって、過度に反応する必要はないということです。「正夢になってしまったらどうしよう」と心配をしすぎてはいけないのです。

たとえば、あなたが夢の中で誰かに怒られ、途方に暮れてしまったという夢を見てしまったとしても、その夢の内容に影響を受け、一日中他人の言動にビクビクしながら過ごすというのは間違った行動です。

夢を見て、それを記憶に留めておくことの大切さは前項で説明しました。しかし、夢にコントロールされてしまってはいけません。ましてや、夢の内容が「正夢」にならないかと怯える生活になるのはもってのほかです。

そのような気持ちにならないように、くれぐれも注意をしましょう。18頁に悪い夢を見てしまったときの対処法を記してありますので、それを参考にしてください。

ここがポイント

「正夢」を信じることはけっして悪いことではありません。しかし悪い夢を見たときには、怯えることなくむしろ「逆夢」と思い込むことが大切です。

さて、現実には「正夢」も「逆夢」も初めのうちは見分けがつかないことがほとんどです。結果的に、後々になり、「ああ〜っ、あのときの夢が正夢だったのか！」と気づくことが多いのです。

夢日記を書き続ける習慣を身につけ、自分の見た夢と、その結果を繰り返し分析していくと、いつの間にか自然と自分の夢の方向性を見極められるようになっていくものです。「誰かに怒られる夢」を見たとしても、

「ああ、今日の夢は逆夢だな。誰かにほめられるかもしれないぞ」

などと自然に自分をコントロールできるようになればしめたものです。

反対に「誰かにほめられる夢」を見た場合は、

「ああ、今日の夢は正夢だな。誰かにほめられるかもしれないぞ」

と思い込めばいいのです。

ただし、「宝くじに当たる！」などという大きな驚きや喜びにつながる夢を見たときには、「正夢」だと信じて行動を起こすことが大切です。なぜなら、思い込むことで自分に運気を呼び込むことが可能となるからです。たとえ、夢の中の出来事とまったく同じ結果にはならなくても、宝くじを買うという行動を起こせば、通常時より当選の確率は高くなっているかもしれません。

何事も行動を起こさなければ結果は生まれません。信じることが幸運を呼び込む第一歩なのです。

念じ続けて見た
縁起のいい夢は
ときとして
それが正夢になる
こともあります

「予知夢」とはいったいどんな夢？

「予知夢」とは、これから自分の身に起きる出来事を、事前に夢の中で体験することをいいます。「予知夢」には翌日すぐにその現象があらわれるものもあれば、数日後、数ヵ月後に起きることもあります。

「予知夢」で有名なエピソードのひとつに「リンカーンの暗殺事件」があります。米国の第16代大統領、エイブラハム・リンカーンは、自分が暗殺された姿、自分の葬儀の姿を事前に夢の中で見たというものです。彼は生前、その夢の内容を妻と警護の人に告げていたので、今でもそれは「リンカーンの予知夢」として語り継がれています。

普通の夢は内容が複数あったり、場面が断片的だったりしますが、「予知夢」の場合は、夢の世界がリアルに感じることが特徴です。とくに、夢を見て体が急に飛び上がる目覚め方の場合は、夢を通じてこれから起きることを予知し、何かしらの警告を発信しようとしている、いわゆる自分の肉体からのメッセージだと理解してください。

「いつもよりリアルな夢を見た」といった場合には、夢日記に赤ペンで、はっ

ここがポイント

夢には不思議な力があります。自分では感じることのできない潜在意識が、夢を通じてたくさんの警鐘を鳴らしてくれていることを知っておきましょう。

きりわかるように印を入れる工夫をしてもいいかもしれません。

また「夢枕に立つ」という言葉を聞いたことはありませんか。亡くなった身内が夢にあらわれ、何かを告げる現象をいいます。決してオカルト現象ではありません。むしろ、故人からの大切なメッセージです。夢枕に立つということも「予知夢」に近いものといえるでしょう。

「予知夢」と混同されるものに、前述の「正夢」があります。正夢は、結果的にその夢の内容と同じことが起きることですが、「予知夢」には何かしらのメッセージが含まれていることが多いのが特徴です。

リンカーンの夢のケースのように、自分の身に何か不吉なことが起きるかもしれない、用心せよ、というのが夢からのメッセージです。つまり「予知夢」なのです。それが現実のものとして起こり、夢を通じて自分自身に警鐘を鳴らしていたことを、あとから気づかされるのです。

「予知夢」を見るということは、自分自身の内面に秘めた〝潜在意識〟から発せられたメッセージなのです。そのメッセージとどう向き合っていけばいいか、そのひとつの手引きとなるのが「夢占い」なのです。

繰り返しになりますが、縁起の悪い夢を見たとしても、深く考えすぎて、一人でその悩みを抱え込むことをしてはいけません。悪い夢を見たら「逆夢」と思い込むくらいの気楽な気持ちを持つことが重要なのです。

自分への暗殺事件が事前に起きることを教えてくれた〝リンカーンの予知夢〟は夢の持つ力を再認識させられます

良い夢を見るためには

「良い夢」を見たいと思っている人は意外に多いと思います。しかし、なかなかうまく夢をコントロールできないのが現実です。

意識的に「良い夢」を見るコツというものはないのでしょうか。ここで代表的な「良い夢」を見る方法を紹介しましょう。

まずは寝る前にコップ一杯の水を飲み、三回ほど深呼吸をして目を閉じ、見たい夢を思い描きます。これは、精神的に自分自身をリラックスさせる効果があります。良い睡眠をとる方法として、就寝前にゆっくりお風呂に入るといいといわれていますが、それも併せてやると効果的かもしれません。つまり、自分自身が落ち着いた状態でいることが大切なのです。

次に、夢日記にその日の日付を記入します。そして、その日付の下に「これから見たい夢の内容」を記入していきます。

自分が見たい夢を自分の潜在意識に植えつけるのです。アロマなどをたいてみるのもいいでしょう。これも良質な睡眠をとる方法のひとつとして、よく紹介されているものです。

ここがポイント

良い睡眠はイコール良い夢につながります。リラックスした状態で眠りにつくことは、良い夢を見る近道なのです。

翌朝、目が覚めたら、実際に見た夢の内容を記入します。最初は自分の思い描いた夢とは違った夢を見てしまうかもしれません。しかし、このように夢日記に「見たい夢」を毎日のように記入していると、だんだんと見たい夢に近づいていけるようになります。

夢をコントロールできるようになるスピードは人それぞれですが、たとえ少しずつであっても、毎日努力を続けていれば、自分が見たい夢に近づけるようになるものです。それは自分自身に運気を呼び込むことにつながり、結果的に良い現象が現実世界で起きるようになっていくことにもなるのです。

誰でも良い夢を見た日には、気分が明るくなるものです。良い夢を見る頻度が高くなれば、明るい気持ちで過ごせる日々が多くなるという相乗効果があらわれます。〝夢なんてコントロールできるわけない〟と最初からあきらめてはいけません。コツコツと努力を重ねていけば、必ず夢をコントロールすることが可能となるのです。

就寝前「今日はこんな夢を見たいな」なんて思い浮かべながら、布団の中に入る人はそんなにいないと思います。しかしどうでしょう。今日一日、ワクワクし楽しかった体験を思い出しながら寝たことはありませんか。きっとそのときには無意識に潜在意識が活動し、良い夢、楽しい夢を見ているに違いありません。

少しずつ努力を重ねていけば
夢をコントロールすることは
難しいことではないと
理解しておきましょう

悪い夢を見たときの対処法

残念ながら悪い夢を見たときは、目覚めが悪く体に疲れを感じることが多いものです。しかし、それでも夢と真正面から向き合い、悪い夢を見なかったことにするのではなく、夢日記には内容を書きとめるようにしましょう。

悪い夢というのは、現実世界で何が起こるか、何を注意したらいいかという大切なメッセージ性を含んでいる可能性が高いからです。

いわゆるそれが「予知夢」なのです。

悪い夢、悲しい夢であっても記録に残し、それを分析することによって、そのときには気づかなかった事柄でも、あとになってから、

「あのときの夢は、このことの警告だったのか」

と思えることも少なくありません。そのような経験の積み重ねが、夢をコントロールする上で大切な経験となるのです。

夢日記に書きとめたあとは、太陽の見える窓を開け、目をつむって数分間、太陽の光に当たりましょう。太陽のエネルギーは不浄なものを焼き尽くす効力があります。時間があるときはシャワーを浴び、心身ともにリフレッシュする

ここがポイント

悪い夢は、自分の潜在意識がこれから身にふりかかることへの警告の可能性もあります。ネガティブにとらえず、あらかじめ警鐘を鳴らしてもらったとポジティブにとらえましょう。

こともおすすめです。

起床時間前に目覚めた場合、あるいは夜中に悪い夢を見て目覚めてしまったときはどうすればいいでしょうか。家族などに迷惑をかけない範囲であれば、一度室内の明かりを灯し、室内の空気の入れ換えをするのが効果的です。

また、深呼吸や水分補給などといった簡単にできる心身のリセットをすることも重要です。そして、先ほど見てしまった悪い夢のあとに、自分なりに良い結果をつけ加えた内容を想像しながら、再び寝るという方法が最良です。たとえば、誰かに追われている状態で目が覚めた場合、誰もが良い状況とは思わないでしょう。

そこで、自分なりにストーリーを描き、

「自分が財布を落としてしまい、それを拾ってくれた人が、自分に財布を渡そうとして追いかけてきている」

というポジティブな内容を想像するのです。そして、相手にお礼を言っている場面を思い浮かべながら眠りにつくのです。

悪い夢を見るケースは、良い睡眠をとっていないことが多いようです。前項で良い夢を見る方法のひとつとして、就寝前にお風呂に入ったり、アロマなどをたきながら寝ると効果的であると紹介しました。悪い夢を見たときの多くは、就寝前の精神状態が不安定で、イライラしているケースがほとんどです。

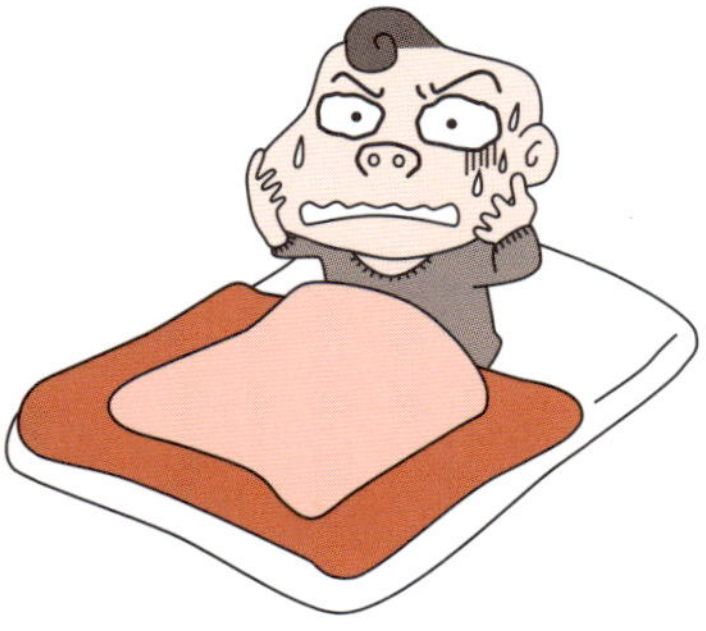

悪い夢を見て深夜に起きてしまったときには、
自分の都合のいい、ポジティブなストーリーを思い浮かべて
再び寝るといいでしょう

一年を占う「初夢」が意味することとは

初夢とは、年頭最初に見る夢のことを指します。この夢の内容で一年の吉凶を占う風習が日本には根付いています。

初夢の記述が残っている文献としては、平安時代末期といわれる西行の歌集『山家集』が有名です。当時は現在の暦とは異なり、立春を一年の始まりとしていた時代で、節分の夜から立春の朝に見る夢を初夢としていました。

江戸時代になると、初夢といわれる時間帯に「大晦日の夜から元日の朝」「元日の夜から2日の朝」「2日の夜から3日の朝」と三つの説があらわれました。その後、江戸時代後期には「2日の夜から3日の朝」にかけて見る夢を初夢とする説が主流となりました。

しかし、明治時代の改暦後には「元日の夜から2日の朝にかけて見る夢を初夢とする」という説が主流となってきたのです。

初夢に見ると縁起が良いとされているものに「一富士《いちふじ》」「二鷹《にたか》」「三茄子《さんなすび》」があるのは有名です。

東京都文京区駒込にある駒込神社がその由来となっています。ここは江戸時

ここがポイント

夢をコントロールすることは不可能なことではありません。夢のコントロール法を会得できれば、縁起の良い初夢を自在に見ることが可能になります。

代の富士信仰の拠点のひとつでした。この神社の周辺には鷹匠《たかじょう》屋敷があり、またその地域の名産に駒込茄子があったことから、「富士」「鷹」「茄子」が縁起が良いとされてきたのです。

「一富士」「二鷹」「三茄子」には続きがあります。「四扇《しおうぎ》」「五煙草《ごたばこ》」「六座頭《ろくざとう》」と続くのです。

「四扇」の「扇」は末広がり、「五煙草」の「煙草」は煙が上昇する、「六座頭」の「座頭」は怪我（毛が）ないという意味が込められています。

この夢には、昔の人の願いが込められていることがわかります。つまり、「富士と扇」は子孫繁栄を呼び込み、「鷹と煙草」は高くに上る様子から運気上昇、「茄子と座頭」は毛がないので、「怪我ない」＝「健康長寿」にたとえられているのです。

初夢で縁起の良い夢を見ることができれば、晴れやかな気持ちでその一年を過ごすことができます。七福神や宝船の絵を枕の下に置いて寝ると、縁起の良い初夢を見られるというおまじないもあります。一度試してみるのもいいかもしれません。

初夢だけにとどまらず「夢のコントロール法」を会得し、毎日縁起の良い夢が見られるようになれば、きっと毎日が晴れ晴れとした気分になり、素敵な日々を過ごせることにつながるはずです。

〝一富士二鷹三茄子〟
が象徴するように
初夢は一年の希望を託す
庶民のささやかな〝夢〟
なのかもしれません

もう一人の自分を教えてくれる夢占い

深層心理に潜んでいるもう一人の自分の姿を導き出す方法のひとつに夢占いがあります。夢の研究について語るとき、欠かせない人物がオーストリアの精神科医、ジークムント・フロイトです。1900年に出版された「夢判断」は当初、評価されませんでしたが、彼の精神分析研究により夢が心理学的見地から体系化され、その後研究者に引き継がれながら現在の夢占いの基礎となったといえるでしょう。

夢については古くからいろいろな学者が持論を展開してきましたが、そのほとんどが神学的なものであり、夢の要因と切り離せないものが神であるというものでした。つまり、心理学の視点から夢を研究したものは、それほど多くはなかったのです。

フロイトによると、夢は潜在意識の中でくすぶり続けてきた欲望や衝動が表面化されたものであり、その選択方法は無意識であると論じています。要するに、夢は無意識から生まれる自己表現ということになります。日常生活において抑圧されている願望などが、形を変えてあらわれたものが夢なのです。

夢は自分自身が気づいていないもう一人の自分の姿―潜在意識に深く沈んでいる未知の自分を教えてくれるメッセージなのかもしれません。

第2章

未来がわかる夢占い

天気・自然に関する夢

ポイント

天気や自然に関する夢は、天からの「教え」を意味しています。自分自身の心の中に潜む感情を、夢を通じて教えているのです。また、自分自身がおかれている環境とその後の変化を占うことができます。いい天候の夢なら運気も上がりますが、反対に悪天候のケースの場合は注意喚起を促しています。

◆**晴れ**……○吉夢　運気が上昇して見通しが明るい状況を暗示しています。太陽がさんさんと輝いているシーンまであればもっと吉。くもりから晴れに変わった場合も同じです。

◆**雨**……○吉夢　雨の夢を見るとネガティブな感情が湧くかもしれませんが、夢占いでは運気が好転する兆しです。雨は作物などを実らす、天からの恵みと考えられるからです。ただし、激しい雨に打たれている夢の場合は、新たな悩みが生じることを告げているので注意が必要です。

◆くもり……×凶夢 心配事が訪れる暗示です。雲の夢を見るときには、自分自身にトラブルや悩み事が近づく警告でもあります。雲の夢を見たあとの特徴のひとつとして、起きたときに疲れを感じることがあげられます。

◆雷……×凶夢 雷は突然どこに落ちるかわからない自然現象です。つまり、事故やトラブルを告げるメッセージです。雷が落ちる夢を見た場合は、自分の身に予期せぬ出来事が起きる可能性を暗示しています。

◆霧……×凶夢 突然目の前が見えなくなる様子から、不安や迷いを示しています。霧が徐々に薄くなり、晴れ間が見えてきたら、問題解決に向かう兆しで吉夢となります。

◆風……○吉夢 おだやかなそよ風を感じたら物事が順調に進み、人間関係も好調な暗示です。ただし、激しい風は感情をコントロールできず、トラブルにつながる可能性があるので要注意。心が動揺し、何か迷っている心理状態のときにも見ることが多いものです。しかし、激しい風の夢のケースを除き、物事は好転の方向へ向かいます。

◆台風や嵐……×凶夢　台風や嵐は文字通り波乱の天候です。夢占いでも感情の劇的な変化をあらわし、運命の危機に出合う暗示です。怒りなど激しい感情が込み上がる、そんなケースに遭遇してしまう可能性があることも示しています。

◆竜巻……×凶夢　竜巻は、突然降りかかる現象から自分以外、つまり身近な人に何か被害がおよぶ可能性があります。自分自身はもちろん、相手の人に対しても気をつけて行動することが大切です。

◆虹……○吉夢　良い方向へ転換していく兆しがあり、悩みが解消される夢です。虹はすぐに消えてしまうものですから、迅速な行動が必要です。ただし、消えかかった虹は健康状態の悪化を意味しますので、無理をしないで健康管理を見直すことが大切です。

◆天候変化…◯吉夢　くもりや雨から晴れに変化する夢は、運気上昇で物事が順調に動き出す暗示です。反対に晴れからくもりや雨に変化する夢は、運気が下降する出来事が起きる暗示になります。このように天候の変化がともなう夢を見た場合は、その夢が晴れに向かっていたのか、雨に向かっていたのかで運気が決まります。

◆地震…×凶夢　大地が揺れる夢を見たときは、現在のあなたのおかれた状況が、あまり安定していないことを示しています。健康面や精神面に気をつけましょう。大きく揺れて家が崩れる夢のときは、とくに注意が必要です。

◆津波…×凶夢　あなたの感情の波をあらわしています。津波はいつ起きるかわからず、起きた途端にすべてを破壊するイメージがあります。それは身の危険を暗示しています。

◆噴火…×凶夢　イライラしているときに見ることが多く、現実の世界でも怒りや反発の感情が爆発してしまう恐れがあります。イライラから人間関係の悪化につながる場合もありますので、噴火の夢を見たその日は、いつも以上に慎重に行動することが大切となります。

◆洪水……○吉夢　洪水は言葉のイメージから、何かコントロールがきかない悪いことの前兆のように思われますが、実は反対の意味を持つ夢です。自分の環境が大きく変化し、今まで行き詰まっていた事象が解決の方向へ向かっていくことを暗示しています。また、新たなスタートができることも示しています。

◆太陽……○吉夢　輝く太陽は活動の象徴で、強い生命力を意味しています。近いうちに明るい出来事が訪れる暗示でもあります。新しいことにチャレンジしてみるのもいいかもしれません。

◆月……○吉夢　美しい月の夢は、男女ともに幸運の兆しが見える傾向にあります。とくに、男性は仕事運が上昇していきます。女性は子宝や婚期が近づいている暗示です。満月のような大きな美しい月の夢を見た場合は、とくに運気が上昇していることを示しています。

◆星……○吉夢

満天の星は、希望や愛をあらわします。星の見える数が多いほど願望が叶う暗示といわれています。星に手が届く夢であれば、それは成功が近いという兆しです。反対に手が届かなければ、もう少し努力が必要ということを暗示しています。

◆日食 月食……×凶夢

太陽が欠けたり月が欠けて見える現象は、体調に関して悪い暗示や人間関係でのトラブルを警告しています。夢占いでは太陽は男性の象徴という意味もあります。日食の夢は、その男性が見えなくなる夢ですから、身近な男性にトラブルがある暗示ともいえます。

　また、日食・月食の夢を見たときは、無理をせず十分な休息が必要です。

人に関する夢

ポイント

夢に出てくる人物は、あなたに何かを伝えるためにあらわれている可能性が高いです。傾向としては、知らない人物があらわれるより、一度は話したことがある人物や自分には記憶はないけれど、相手があなたに強い印象を持っている人物などが夢にあらわれます。とくに、身内やご先祖様が多いようです。

なお、記憶にもない人物があらわれたら、自分自身を再確認しようという潜在意識のあらわれかもしれません。

◆**父親**………×凶夢　本来、父親は権威、威圧感を象徴しています。また、父親はあなたを保護してくれるあらわれでもあります。つまり、何か忠告があると判断し、内容を覚えておきましょう。また、現在のあなた自身の心の弱さを暗示しています。

◆**母親**………×凶夢　母親が笑っている夢は充実感をあらわす吉夢ですが、ほとんどが忠告の暗示といえるでしょう。あなた

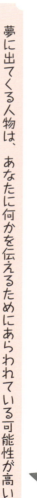

が弱っているときに無意識に母性を求める気持ちが母親に代わってあらわれるもので、現在の生活環境の見直しを告げています。

◆兄弟姉妹……◯吉夢　自分に関わる人間関係をあらわし、あなたの人との触れ合い方を示しています。また、兄弟姉妹は幼い頃から比べられたりするところから、競争心のあらわれとも判断します。

◆祖父母……◯吉夢　祖父母はあなたを守ってくれる大切な存在です。夢では、あなたが危険な道を選んでいないか、苦しんでいる場合に忠告してくれることが多いので、素直に注意を受け入れることです。

◆子ども……×凶夢　子どもは、未熟さや予測不可能な行動をあらわしています。現実を忘れて初めからやり直したい心のあらわれです。また、突然のアクシデントに遭遇する可能性があることを暗示しています。

◆孫……………○吉夢　孫はあなたから見ると、強い生命力を持っています。孫の夢を見ることがイコール、元気がもらえ老後の安泰な生活があることを暗示しています。

◆親戚……………○吉夢　周囲の人間関係を主にあらわし、あなたが親戚との関わり合いが良い状況なら、近々、うれしい知らせが訪れます。親戚との関わりが悪い状況なら人間関係でのトラブルが近づいていることを暗示しています。

◆夫・妻……………×凶夢　夫が夢に出てくる場合は、家庭環境が悪いことを暗示しています。妻が出てくる場合は、夫婦間の危機をあらわしていますので、日頃の会話を多くとるようにして注意しましょう。
　他人の夫や妻が夢に出てきたら、浮気願望がある心理なので注意しましょう。

◆恋人……………○吉夢　恋人とケンカしている夢は、二人の関係が良くなる兆しを暗示しています。ただし、恋人と仲良くしていたり楽しく過ごしている夢は、二人に何か足りないものがあり、別れやトラブルを知らせているメッセージです。

◆元カレ
元カノ……×凶夢　過去にとらわれ過ぎ、新たな希望を持てないことを示しています。また、現在の自分が孤独感を感じているとよく見る夢です。とくにフラれた相手が出てくるケースが多いです。

◆愛人……×凶夢　愛人の夢は、隠し事や心の不安を暗示しています。また、あなたが現在の家庭に満足できていない心理状態のときによく見る傾向があり、自分自身の願望もあらわします。

◆友人……○吉夢　夢の中の友人は、自分を映し出す鏡となります。また、友人があらわれると、自分の気持ちや運気もあらわします。夢の中で友人が喜んでいる表情であれば、あなたに幸運が訪れる暗示があります。

◆上司……✕凶夢　あなたが上司に抱いている思いが夢にあらわれ、そのほとんどが仕事への不安を暗示しています。また、夢の中で上司があらわれ、その行動があなたに反映される場合があります。ただし、上司にほめられている夢は仕事で成功する吉夢になります。

◆同僚……〇吉夢　夢にあらわれた同僚は、あなたとの関係に何か問題があることを暗示しています。夢の中に関係を修復するヒントが出てきます。ただし、同僚とケンカをしている夢は、あなたのストレスが爆発寸前まできている忠告です。早期の改善策を考えましょう。

◆部下……✕凶夢　実際の部下や後輩との関係をあらわします。また、年下に対する感情をあらわす夢です。人を服従させたい、コントロールしたいという暗示があります。ただし、部下と仲良くしている夢は、現実でも良い関係が保てる吉夢になります。

◆先生……◯吉夢　人を導く先生は、あなたの力になり救済するために、夢にあらわれます。現実世界での迷いを断ち切るためのアドバイスをキャッチしましょう。また、あなたが先生になっている夢の場合は、現在の自分自身が充実していることを示しています。

◆亡くなった人…◯吉夢　死は再生と復活を意味していて、ほとんどが良い夢につながります。死者からのメッセージの暗示がありますので、しっかり受け止めて幸運をつかみましょう。

◆知らない人…◯吉夢　自分の側面や意識するものを暗示しています。ほとんどの夢が吉運につながります。知らない人が仕事をしている夢の場合は、仕事運が上がることを示しています。新しい出会いがある暗示でもあります。

◆芸能人……×凶夢　憧れや願望が高まっていて欲求を満たすために芸能人になってあらわれます。また、あなたが堅実さに欠けている状況を忠告しています。

感情や感覚に関する夢

ポイント

現実世界で感情や感覚が敏感な人ほど、夢の世界で痛みや衝撃を感じる傾向にあります。実際に夢で泣いていて、目が覚めたら涙を流していたりします。このような夢は、予知夢的な暗示が多く含まれていて肉体の緊張状態から見る夢になります。

◆**笑う**……×凶夢　夢の中で笑っている場合は、実は心の中に大きなストレスを抱えていることが多いのです。自分でも気がつかないうちに小さなストレスが蓄積されている可能性があります。大胆な気分転換を心がけましょう。

◆**うれしい**…×凶夢　夢の中で喜び、うれしがっているときは、実生活で無理をしている場合に多い夢です。とくに人間関係で無理をしているときは、自分に素直になる必要がありそうです。

◆楽しい……◯吉夢　夢の中で楽しい思いをしている場合は、実生活でとても満たされている証です。眠っているときに声を出して笑って目が覚めた場合は、きっと素敵な一日になることでしょう。

◆怒る………◯吉夢　何かに怒っている夢。怒りはとても大きなエネルギーです。あなたの中に大きなエネルギーが満たされているという暗示です。

◆ムカつく…×凶夢　夢の中でイライラしてムカついているという中途半端な怒りは、あなた自身のコンプレックスに由来する夢です。自分が抱いている劣等感を客観的に見直してみましょう。

◆悲しい……◯吉夢　夢の中で悲しみを感じた場合は、あなた自身が大きな成長を遂げることになる出来事がやってくるという暗示です。日々の出来事に注意を払い、今自分ができることはなんなのかじっくりと見据えてみましょう。

◆泣く……〇吉夢　夢の中であなたが泣いていた場合は、心配事が消えるという吉夢です。涙を流すことによって、心配事が洗われたと受け止め、前向きになることが肝心です。

◆悩む……×凶夢　何かに悩んでいる夢は、現在の安定を奪われるかもしれないという恐れからきている凶夢です。安定を揺るがす要因を見極めることが必要です。

◆苦しい……〇吉夢　夢の中で身体的に苦しんでいる場合は、現在抱えている問題が好転するという暗示の吉夢です。気をゆるめることなく確実に事を進めるようにしましょう。

◆怖い……×凶夢　夢の中で何かに恐怖を感じていたならば、自分自身への注意となる凶夢です。

◆痛い……〇吉夢　身体的に痛みを感じている夢を見た場合は、直感力が高まっている暗示です。自分の直感を信じて行動してもいい時期であると夢が教えてくれています。

◆寂しい……×凶夢　夢の中で寂しい思いになっている場合は、金銭的に困窮するという意味合いがあります。自分の経済状況をしっかりと見直してみましょう。

◆不安になる……×凶夢　夢の中で何かに不安を感じているのであれば、変化に無頓着な自分自身への警告だと思いましょう。しっかりと周囲を観察し「変化に気づくべし」という暗示です。

◆暑い……×凶夢　夢の中で暑いと感じている場合は、健康問題に注意が必要であるという警告だととらえましょう。自分自身でも気がついていない病気が徐々に進行している可能性がありますので、健康についてしっかりと考えましょう。

◆寒い……×凶夢　夢の中で寒さを感じている場合は、人間関係に要注意の暗示です。人の策略やワナにはまることがないよう、細心の注意を払ってください。

身体に関する夢

ポイント

無意識の中では身体は無防備になり、身体の健康状態を知らせてくれる予知夢的なものが多くあらわれます。何を注意すれば病気やケガを避けられるか、夢からのメッセージを守り、安全で健全な身体を保ちましょう。

◆汗をかく…◯吉夢　スポーツなどで気持ちのいい汗は、健康的な状態を意味していて実際の健康状態も良好と判断できます。また、周囲の人から良い評価をもらう暗示でもあります。ただし、気持ち悪い汗や大量の汗をかく夢は、体調をこわす暗示がありますので、現実世界では無理をせずに注意しましょう。

冷や汗は周囲への気配りを怠っている暗示で、人間関係でのトラブルに気をつけましょう。

◆ケガをする……×凶夢　仕事や人間関係、恋愛でのトラブル発生の忠告だと思ってください。夢の中でのケガは予知夢になることが多いので注意が必要です。また、過去に事故や大ケガを経験している人は、トラウマになって夢にあらわれることも多いです。

◆出血する……○吉夢　血は人間の生命力をあらわしていますので、生きるために必要な金銭や財産を意味します。傷口から出血したり、鼻血が出る夢は、あなたが抱えている問題が解決に向かう暗示があります。また、激しい欲のあらわれでもあり金銭欲が上がります。

◆かゆくなる……×凶夢　夢の中でかゆくなる場合は、精神的なストレスが溜まっていて過去の出来事でイライラしている状態のあらわれです。ただし、耳がかゆい夢は近いうちに良い情報が入る吉夢になります。

◆排泄する……○吉夢　意外にも排泄物は金運上昇のあらわれです。気持ちよく排便している夢は大きな富と財を得る暗示があります。また、排便が洋服につく夢も近々、大金を手にする夢です。古代の夢占いでも排泄物は金の象徴でありました。

◆病気になる……×凶夢　心が病んでいるあらわれで、現実の嫌なことから逃げたい心の内が夢に出ます。病気になることで、責任から逃れようと無意識にあらわれる夢です。ただし、病気が快復に向かう夢は、現実を好転させる吉夢に変わります。

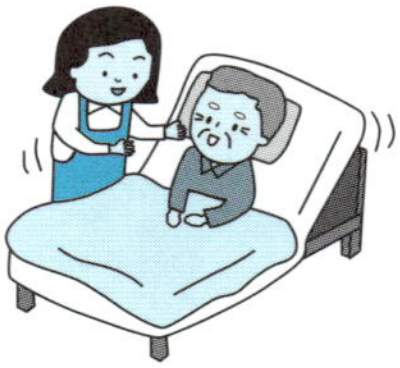

◆吐く……×凶夢　健康状態への忠告で、溜まっているストレスを発散しなさいと告げています。忠告を守れば病気を引き起こすことはなくなり吉夢に変わります。

◆爪を切る…×凶夢　爪は、収入や貯金を意味していて、堅実・安定をあらわします。爪を切る夢は、貯めたお金を吐き出す暗示があり、経済的なダメージの予兆でもあります。また、爪が折れたり、割れる夢を見たら、激しい金銭の動きをあらわし借金やギャンブルをしないほうがいいという忠告です。

◆髪を切る……〇吉夢 髪の毛は、切っても伸び続けるところから、生命力の強さや愛情、若さなどをあらわしています。髪を切る夢は、これまでのものを断ち切ることを意味し、仕事や恋愛の区切りを暗示しています。ただし、髪を切って後悔している夢はあなたの判断に誤りが起こり得る暗示がありますので、誰かに相談してください。

◆髪が抜ける……×凶夢 あなたの健康状態に異変を告げる暗示です。また、失いたくないものが抜けていく不安のあらわれでもあります。

◆髪が伸びる……〇吉夢 生命力があふれる状況で運気が上昇気流に乗る暗示になります。また、艶があって美しい髪が伸びる夢は恋愛成就の予兆があると判断します。

◆歯が抜ける……×凶夢　自分に対する自信のなさ、能力への不安、身内の不幸などを暗示しています。また、自分自身や家族の健康状態を知らせるメッセージでもあります。十分に注意することです。

自分以外の人の歯が抜けた夢は、人間関係でのトラブルが心配されます。夢に登場した人物である場合が多いので、よく覚えておきましょう。

◆やせる……×凶夢　気力の衰えをあらわし、病気にかかりやすい暗示が出ています。また、みすぼらしくやせる夢は、金運を低下させる可能性がありますので、生活の見直しを知らせています。

◆太る……○吉夢　現代では太ることは、健康にも悪影響を及ぼすともいわれていますが、夢の中で太ることは幸福のあらわれで、生命力が上がっている状態を示します。そして、金運や仕事運も上がり、充実した生活が近づいていることを暗示しています。

◆背が……………伸びる

○吉夢　自分が前向きな考え方で満足できている状態をあらわします。自信もついて心の安定を感じている状態です。ただし、背が伸びすぎてしまうと自信過剰の忠告なので気をつけましょう。

◆妊娠する……

○吉夢　新たな生命の誕生は、あなたの秘めている潜在能力が引き出されることをあらわしています。また、新たな喜び事も訪れる暗示もあります。なお、男性が妊娠する夢は仕事が増える知らせなので、負担に思わずに仕事をこなせば、大きな収穫につながります。

◆出産する……

○吉夢　生まれることから、環境の変化や大きなチャンスが訪れる暗示があります。そして、あなたが新しい出会いを受け入れる準備ができていることをあらわします。

なお、陣痛がひどく苦しい出産でも無事に出産できたら、窮地を脱する力を持っているので、迷わずに力を出し切り幸運をつかむことをあらわしています。

行動に関する夢

ポイント

夢の中での行動は、あなたの本能からあらわれる伝達事項が多く、本当の自分を教えてくれる夢です。現実世界で覚えた知識や言動が夢世界では、良い夢は明るい兆しが見えて、悪い夢では今の自分が何を改め何を考えるべきか忠告してくれます。

◆謝る………×凶夢
謝られる

対人関係でのトラブルを告げている暗示があります。自分に自信が持てないあらわれで、自己主張をしないと周囲に振り回される忠告です。また、他人から謝られる夢は、逆に自信のあらわれと判断します。ただし、相手との距離が離れている場合は、何か注意することがないかを知らせています。

◆いじめる……×凶夢
いじめられる

この夢は、他人にケガを負わせたり虐待を受けた経験がある人がよく見る夢です。今の人間関係での付き合い方や孤独感を暗示しています。今後の人との交流を見直すことをおすすめします。

◆暴れる……×凶夢　あなたの感情が爆発しそうな状態を暗示しています。現実世界では、理性が働きストレスを溜めながらガマンしているのですが、暴れる夢は、かなり精神状態がギリギリのところまで追いつめられています。また、相手にケガをさせるような夢は、金運が低下する暗示があります。

◆甘える……×凶夢　あなたが現在、抱えている問題から逃げようとしている暗示があります。吉夢に変えるために、気を入れて立ち向かうことです。頑張っているのに甘える夢を見る場合は、あなたの健康状態が良くない暗示です。

◆浮気する…浮気される……×凶夢　現在の心の中のあらわれで、不安定な状態を暗示しています。自分が浮気する夢は、あなたが浮ついていて大きな間違いを起こす暗示があります。恋人やパートナーに浮気される夢は自信のなさや体力の衰えを暗示しています。

◆告白する……○吉夢
告白される

対人関係が向上している予兆です。新たな出会いも期待できる暗示があります。また、知らない人に告白している夢はラッキーな出来事が起こる吉夢です。ただし、愛を告白される夢は生活に不満を抱えている暗示なので要注意です。

◆振る……○吉夢
振られる

現実世界と異なり、夢の中では吉夢になります。人を振る夢は現実では今以上に仲良くなる暗示があり、振られる夢も二人の仲が深まる暗示があります。単純に今の恋人や人付き合いを失いたくない強い気持ちが夢にあらわれます。

◆キスを……×凶夢
する

現実では、キスは愛情表現のあらわれと思うでしょうが、夢の世界は愛されたい思いが強く出ていて愛情が乏しい状態と判断します。また、キスは口をふさぐことから、秘密事が露見しないかどうかの不安や軽はずみなことを言わないようにという忠告を意味します。

◆セックスをする…◯吉夢　この夢は、ただの願望から見るものではなく、非常に神秘的な生命力や人とのつながりを暗示していいます。とくに、片思いの相手とセックスをしている夢は、あなたの才能が新たに目覚める暗示があります。

◆裸になる…×凶夢　自分が生まれ変わりたい願望や、隠し事がないことを見せたいあらわれから見る夢です。裸になって着ていた服を脱ぎ散らかしている場合は、かなり深刻でストレスを溜めないうちに対処することです。

◆デートをする…×凶夢　現実では、あなたが寂しい気持ちで過ごしている様子をあらわします。また、恋愛をしたいという願望が高くなっている暗示があります。ただし、デート中にケンカをしている夢は、逆に二人の仲が深まる吉夢になります。

◆遊ぶ………×凶夢　心に何か問題を抱えている夢です。親しい友人と遊んでいる夢は連絡をしばらく取りあわず、付き合いが悪くなっていく暗示があります。また、楽しく遊んでいれば、抱えている問題も解決できる方向へ進みます。

◆ウソをつく……×凶夢　夢の中のウソは、人間関係をこわす暗示があります。また、人にウソをつかれる夢は、現実世界でウソをつかれたり、だまされたりすることが起こる可能性がありますので、相手をよく見て行動してください。

◆裏切る……×凶夢　とくに、現在の人間関係をあらわしていて、相手に対する自信のなさを暗示していると考えましょう。心の奥で人間関係に迷いが生じているときに見る夢です。

◆結婚する…○吉夢　結婚の予定がない人であっても、結婚をする夢は吉夢となります。実際に結婚が近づいている場合もありますが、それ以外にも、新しい生活や人生の転機が近づいている知らせとなります。

◆**離婚する……×凶夢**　もめごと、または別れの暗示です。既婚の方が離婚の夢を見た場合には、実際の離婚に至ることはなくても、心が離れてしまう大きな出来事に見舞われる暗示です。

◆**別れる……×凶夢**　夢の中で悲しい別れ方をするシチュエーションの場合は、心残りな別れの暗示です。また、笑顔での別れだったとしても、これから小さな生活の変化が訪れて不安を招く可能性があります。

◆**祈る……〇吉夢**　祈りを捧げる、祈っている人を見守るという夢は、心の平安につながる出来事が近いという吉夢となります。祈りの場面が静かな夢であればあるほど良い夢です。

◆**埋める……×凶夢**　基本的には心の中に隠したいこと、封印したいことが生じているときに見る夢です。ただし、自分自身の記憶にない出来事を思い出すべきか否か、心の奥底で迷いが生じているときに夢となってあらわれている可能性もあります。

◆空を飛ぶ……○吉夢　自由に空を飛んでいる夢は願望が叶う暗示です。ただし、高く飛ぼうとしても飛べずに苦戦している場合は、身のほど知らずの高望みをしている可能性があります。

◆高い所から落ちる……×凶夢　高いところから落ちる夢は、孤独や社会的立場を失う不安と恐れを感じている場合に見ることが多い夢です。誰かの支えを心の底で必要としているのだと自覚しましょう。

◆転ぶ………×凶夢　道や平坦な場所で転ぶ夢は、転んだあとのケガの状態などによっても変わりますが、基本的には凶夢です。誰かがあなたの足をすくおうとしているのではないかと心の中で不安を感じているときなどには、高い頻度で見ることがあります。

◆ケンカする……×凶夢　ケンカをして悲しい気持ちやつらい気持ちになる夢は、心にも大きな負担がかかっている証拠です。ただし、思い切りケンカをしてスッキリとした気持ちになった場合、昇進などのうれしいニュースにつながります。

◆殴る………○吉夢　あなたが人を殴る夢は、新しく興味をひかれる出来事に出会う暗示です。ただし、そのまま進んでもあまり上手くいかず、何かしらの障害があらわれる可能性もあります。

◆殴られる…○吉夢　あなたに新しい刺激的な出来事がやってくる可能性があります。殴られたショックで目を覚ますほどの強い衝撃を感じて目覚めた場合は、近いうちに新しい出会いなどがあるかもしれません。

◆死にそうになる…○吉夢　死にそうになるけれど生き延びる夢の場合は、苦しい時期を乗り越えた、または乗り越える直前であるという吉夢です。

◆殺す……◯吉夢　他人や、何者かに殺される夢の場合は、新しい自分に出会うチャンスがやってきた証拠です。あなたが誰かを殺す夢の場合は、自分の欠点を克服するチャンスだという暗示です。
殺される

◆さまよう…×凶夢　どこかの場所であなたがさまよっている夢を見た場合は、家族の誰かに不信感を抱く出来事が起こるかもしれません。ただし、夢の中でさまよったあとに家に帰り着くことができれば、大きな問題にはならないでしょう。

◆逃げる……×凶夢　何かに追われ逃げている夢の場合は、自分では自覚していない体の変化が起きている可能性があります。病気の早期発見などに注意を払いましょう。

◆閉じ込め…×凶夢　どこかの場所に閉じ込められて脱出ができない状態の場合、金運が低下していく暗示です。身動きがとれなくなる前に、経済状況の改善をはかりましょう。
られる

◆こわす……×凶夢　物をこわす、破壊する夢は、ストレスの発散場所を強烈に求めている証拠です。体調にも変化をきたす可能性が高いので、適度な運動を心がけましょう。

◆起きる……◯吉夢　夢の中で眠っている状態から起き上がる夢は、心身ともに安定していて新しい出来事に前向きになるべきとの暗示です。とくにアイデアや直感が頭に浮かんだ場合は、思い浮かんだ事柄を行動に移すことをおすすめします。

◆寝る……×凶夢　現実に眠っている状態でありながら、寝る夢を見るというのは、心がとても疲れている証拠です。また、母親との距離感に悩んでいる場合にもよくあらわれる夢です。

◆運転する……×凶夢　車やバイクを運転する夢は、急ぎすぎてはいけないという警告の意味が強くあらわれています。結果を急がず、長い目でみるべきという暗示ととらえましょう。

◆追う 追われる……×凶夢　追いかけたり、追われる夢は、心の中で何かを求めていたり、時間不足によるストレスによってあらわれることが多い凶夢です。気持ちがあせっていても、結果がなかなかついてこない、そんな自分の状況を冷静に見つめ直す必要ありとの忠告です。

◆おごる……×凶夢　人に何かをおごる夢は虚栄心が高まり、自分を過大評価している場合に多く見られます。尊大な態度で周囲に接することがないように注意しましょう。

◆溺れる……×凶夢　水の中で溺れる夢は、あがいている自分の象徴です。現状を好転させるために、冷静になる必要があります。

◆泳ぐ……○吉夢　水の中をスイスイと心地良く泳ぐ夢は、愛情に包まれている状態を示す吉夢です。母親の胎内で羊水に浸っていた頃のように、愛情と希望に包まれているという自信を持ちましょう。

◆**隠れる……×凶夢** 何かから身を潜め、隠れているという夢は、ウソを後悔している場合などにあらわれやすい凶夢です。あなたのついたウソが優しいウソではなく、混乱を深めてしまう可能性があります。

◆**行列に並ぶ……×凶夢** たくさんの人の列に並ぶ夢は、自分の気持ちに素直になれずにいる場合にあらわれやすい凶夢です。自分の気持ちにもっと素直な行動を起こしてみる必要があるかもしれません。

◆**自慢する…×凶夢** 誰かに自分のことや持ち物を自慢する夢は、自慢しているものを失うかもしれないという不安に駆られている場合に見る凶夢となります。

また、人の自慢を聞いている夢は、誰かに裏切られたり、足をすくわれたりする傾向があります。

◆**成功する…×凶夢** 仕事やとくに投資などで成功を収める夢は逆夢の場合が多く、凶夢となります。ただし、成功の内容が具体的でリアルな場合、とくに金銭的なものに関しては予知夢の可能性もありますので、内容をしっかりと把握しておきましょう。

◆仕事をする……○吉夢　夢の中で落ち着いた環境で仕事をしている場合は、現状が正しいことを示す吉夢です。ただし、つらい環境でいやいやながら仕事をしている夢は、身のまわりに不幸がやってくる暗示の場合がありますので注意が必要です。

◆お風呂に入る……×凶夢　入浴の夢は、近いうちに転職や引越しなど、環境の変わる可能性を示唆しています。突然の人事異動などうれしくない変化の可能性があります。

◆買い物をする……○吉夢　愛情運が高まっているときに見ることが多い夢です。前向きな気分で過ごすことを心がければ、新しい素敵な出会いにも恵まれるかもしれません。

◆着替える……○吉夢

服を着替える夢は、着替えたときの服の色によってさまざまな意味がありますが、明るい色の洋服に着替えた場合は、おおむね良いことが近くにやってきているという暗示です。

◆掃除をする……○吉夢

屋内であれ、屋外であれ、掃除をする夢というのは浄化をあらわす吉夢です。自分自身の見識が広がり、心身が浄化され、成長をした場合などに見ることが多い夢です。

◆食べる……○吉夢

物を食べる夢は、欲求が非常に高まっているという暗示で、自分の欲求を表現すべきときであるととらえましょう。

◆酒に酔う……×凶夢

お酒を飲み、酔っ払っている夢は、それがたとえ楽しい酒であっても、トラブル注意という暗示の凶夢です。言動に注意し、人間関係のトラブルを引き寄せないように注意を払いましょう。

◆酒を飲む…×凶夢　お酒を飲んでいる夢は、今の自分に満足しておらず、新しい自分を見つけたい欲求がある場合に見ることが多い凶夢です。現状の打開には人の助けが必要な場合もあります。もしも夢の中で誰かと一緒に酒を飲んでいたら、その人が助けてくれる相手かもしれません。

◆服を脱ぐ…○吉夢　自分の社会的立場を捨てて、一新しようとするときなどに多い夢です。完全に着衣を脱ぎ捨てた状態で解放を感じているような夢であれば、社会的立場を捨ててもかまわない時期がきたという暗示です。

◆走る………○吉夢　夢の中で走っている場合、軽快な足取りであれば、気力体力ともに十分であるという吉夢です。ただし、足がもつれてうまく走れないなどの夢は、計画が頓挫する可能性を示唆しています。

◆歩く………○吉夢　前に向かって歩き、進んでいる夢は、今までの自分が歩んできた道への自信と、この先への希望です。

苦もなく歩いている、風景を楽しんでいる、などの場合はよりいっそう前に進むべきチャンス到来の暗示です。

◆勉強する…×凶夢　学生が勉強をする夢を見た場合は、日常の記憶の断片の可能性がほとんどですが、とくに印象に残る単語などが出てきた場合は、ストレートな忠告の可能性があるので注意しましょう。社会人が勉強する夢を見た場合は、自分の力不足に自信を失いはじめている可能性があります。努力を忘れずに、という暗示です。

◆テレビを見る…○吉夢　テレビの画面に映る画像やテレビから聞こえる音声がリアルな場合は、これから起こる事件などの予知夢の可能性が高いので、夢の中で得た情報をしっかりとキャッチして、実生活に役立てるようにしましょう。

◆本を読む…○吉夢　夢の中で本を読んでいて、本の中で気になる言葉やフレーズがあったら、それはストレートなメッセージと解釈しましょう。また、本は知識の象徴です。集中力が増している時期という暗示でもあるので、知識を深めるための情報収集を行えば運気上昇の可能性大です。

◆パソコン…×凶夢を使う

問題を整理し、現実的な対応が必要であるという暗示です。理想を追い求めるだけでなくシビアな目で物事に取り組む姿勢が大切だと教えてくれています。

◆携帯電話…○吉夢を買う

新しい携帯を買う夢は、プライベートで大切な連絡があることの暗示です。連絡を見逃さないように心にとめておきましょう。

◆携帯電話…×凶夢を失くす

周囲から取り残される不安をあらわしている夢だと解釈できます。いつもより周囲の人間関係を敏感に観察するように心がけましょう。

◆電話で…×凶夢話す

電話で話す相手や、話す内容によって吉凶が分かれる夢ですが、どちらかといえば不幸な知らせが入る場合に見ることが多い夢です。

◆SNSを…×凶夢　情報集めが必要であるという注意を喚起している場合に多く見る夢です。気になっている件があれば、これまでの人脈を駆使してとことん追求してみる必要がありそうです。

◆旅行に行く……○吉夢　一人旅の場合は、未来に希望が開けているという暗示です。誰かと一緒に旅をしている場合は、現実世界でも旅の相手が大切なパートナーとなる可能性が高いです。

◆カラオケで歌う…×凶夢　夢の中でカラオケで歌っている場合は、ストレスを抱え込んでいる暗示ですが、反面、今こそ自分の感情を表現すべきときであると告げています。

◆スポーツをする…×凶夢　人間関係でトラブル発生の可能性があります。また、スポーツで対戦を行った場合は、対戦結果の勝敗は逆の意味になります。あなたが対戦で勝った場合は、誰かに負かされる可能性が高くなります。

◆釣りをする……○吉夢　釣りの夢は主に金銭的な事柄と直結する場合が多い吉夢です。大物をゲットした場合には、思いがけないビッグな仕事が舞い込んだり、投資で大きな利益を生むことになりそうです。

◆ゲームをする…○吉夢　体を動かす以外のゲームに関しては、ゲームの結果がそのまま反映されます。対戦型のゲームなどであなたが勝利した場合には、あなたが幸運をつかむという暗示になります。

◆楽器を……弾く×凶夢　楽器は、性的な意味合いの強い夢アイテムです。夢の中で楽器を心地良く奏でているのであればおだやかな欲求ですが、激しく楽器と対峙している場合などは欲求不満の状態をあらわします。

◆絵を描く…○吉夢　夢の中で描く絵は、あなたの心の安定度をあらわします。明るい色で、おだやかなタッチで描いている場合は心が安定している証です。

暗い色で鋭角的な絵を描いている場合は、心が不安定になっています。休養をしっかりととるように心がけましょう。

◆**夜景を見る**……×凶夢 きらきらと光る夜景を遠くから眺めている夢は、自分に努力が必要であるという自覚を促す暗示です。遠くから眺めるのではなく、光に包まれる場所に立てるよう努力を怠らないようにしましょう。

◆**写真を撮る**……×凶夢 自分はもっと目立ちたいという願望のあらわれです。自己主張が強くなりすぎて周囲との人間関係にトラブルが起きないように注意しましょう。

◆**試験を受ける**……×凶夢 夢の中で何かの試験を受けているのであれば、現在進行している計画を見直すべきという暗示です。仕事でもプライベートでも、何か計画があるようなら一度見直し、より綿密な計画を描いてみましょう。

◆葬式に……○吉夢　お葬式の夢は全般的に、再出発がキーワードと
参列する　　なります。一見不吉に感じる自分自身のお葬式の夢は、
新天地での生活が吉という暗示になります。

◆交通事故…×凶夢　事故に遭う夢をリアルな感覚で見た場合は、予
に遭う　　　知夢の可能性が高いのでとくに注意が必要です。事故の
場所（風景）、状況（天気具合）、また、夢の中でにおい
を感じた場合などは、とくにしっかりと記憶し対策を練
りましょう。

◆火事………×凶夢　火事の夢で一番注意すべき点は煙です。黒い煙
が蔓延している場合には、大きなトラブルに巻き込まれ
る可能性が高いので要注意です。

◆戦争………○吉夢　悲惨な戦争の夢は悲しみを連想しがちですが、
実は困難を乗り越えられるという吉夢になります。現在
抱えている問題があったとしても、あきらめずに向き合
うことが肝心だと教えてくれています。

動物に関する夢

ポイント

動物などの夢は、あなたの性格や周囲の対人関係をあらわしています。また、動物が言葉を話したら、あなたへの大切なメッセージだと思ってください。動物が好ましい場合や馴れている場合は、吉夢になります。逆に攻撃的であったり恐ろしく感じたら凶夢となります。

◆ペット……◯吉夢　自分のペットが夢にあらわれると、重要なメッセージを伝える役を意味しています。また、小さなペットを抱く夢は、あなたの母性愛が強くなっている暗示でもあります。現実に子宝に恵まれる暗示もあります。

◆犬……◯吉夢　友情、忠実、献身をあらわします。よく馴れている犬は忠実な部下に恵まれたり、友達との縁が深まります。良い夢ばかりではなく、過去にかまれたりして恐怖心を感じている人は、先入観から「犬はかむ」という

意識が働き、夢に犬が出てきても逃げたり、かまれる状況に変わり周囲の人と馴染めない暗示となります。

◆ネコ……

○吉夢　ネコは嫉妬や誘惑をあらわし、あまり良くないイメージを持っていますが、ネコには神秘的なところもあります。とくに黒猫がなついてきたら、大きな力を得る吉夢となります。また、元気できれいなネコの夢は、人間関係が好調で迷いがなくなる暗示があります。

◆牛……

○吉夢　牛は、豊かさをあらわし、財産の実りや名誉名声を得る暗示です。立派な牛があらわれる夢は、安定した財産や豊かな愛情を暗示しています。牛を飼う夢は、財産が増えます。牛が逃げる夢は金運が離れていきます。

◆馬……

○吉夢　馬は、行動的でバイタリティーのある情熱を感じるあらわれです。馬を乗りこなす夢は、目的達成の兆しが見えてきます。さらに、白馬があらわれると恋愛、仕事、金銭が幸運に向かう暗示があります。

◆うさぎ……○吉夢

うさぎの夢は、幸運を呼び込み、物事を成就させてくれることをあらわします。うさぎと遊ぶ夢は、現在の環境が改善されたり滞っていた物事が動き出す兆候にある暗示があります。たくさんのうさぎがあらわれたら、大きな幸運をつかめるチャンスだと思ってください。

◆魚……○吉夢

魚の夢は、あなたの潜在意識のあらわれを示し、今後の発展や希望が期待できるメッセージです。魚を見る夢なら金運が高まり、魚を食べる夢は仕事運が上がります。

◆亀……○吉夢

夢に出てくる亀は、長寿の証で健康状態をあらわします。甲羅で身を守るところから夢の中では保守的になっていることを暗示しています。用心深いことは悪いことではありませんので、夢に亀が出てきたら周囲に敵がいないかよく確認してください。

亀は、とても縁起の良い夢なので夢のメッセージを大切にしましょう。

◆虫……×凶夢　虫の種類によって吉凶が異なりますが、嫌いな虫や害虫があらわれたら、病気にかかる暗示があります。多くの虫が出てくる夢は、自分のコンプレックスが解消できないストレスや、体調不良を感じる状況におかれています。ただし、きれいな虫の音を聞ければ運気が上がる吉夢となります。

◆鳥……〇吉夢　鳥は大空を自由に飛び回ることから、自由な発想力や力強さをあらわします。さらに、高い所を飛んでいる鳥ならば、大きな幸運が訪れる暗示です。鳥が飛び立つ夢は新たな世界への旅立ちを暗示しています。

◆サル……×凶夢　サルは、ずる賢さをあらわし、夢に出てくると誰かにだまされたり争いになる暗示があります。また、猿山にいる夢はあなたの会社での仕事をあらわしていて起きている出来事があなたへのメッセージとなります。ただし、白いサルと金色のサルが出てきたら、今より運気が上がる吉夢になります。

◆ヘビ……◯吉夢

ヘビの夢は、善と悪に分かれ、東洋では、弁財天の使いとして財運をあらわします。また、悪の化身にも変わることから、ヘビに対しての意識や夢の内容によって吉凶が分かれます。白色・金色・緑色のヘビなら財運や健康運が上昇する暗示があります。ただし、ヘビにかまれる夢は、健康運の低下や失恋を暗示しています。

◆フクロウ……◯吉夢

森の賢者とも呼ばれているフクロウは、知恵と賢さをあらわしています。フクロウの夢は、あなたの能力を引き出す手伝いをしてくれます。また、物事を見通せる能力が授かる暗示もあります。ただし、フクロウに追いかけられる夢は病気に気をつける凶夢です。

◆ライオン……◯吉夢

ライオンの夢は、エネルギーに満ちあふれている状態をあらわし、これまでの努力を一気に発揮し成果を上げられる暗示です。百獣の王らしく、毅然とした態度で目的を達成しましょう。ただし、ライオンに襲われる夢はあなたに危険が迫っています。

架空の生き物に関する夢

ポイント

架空の生き物が夢の世界にあらわれる場合、あなたの知らない世界への導きだったり、あなたが抱えている不安に対するメッセージを発信します。また、あなたの創造力の豊かさをあらわします。ただし、夢見が悪い場合は、忠告や警告と判断してください。

◆**悪魔**……×凶夢　あなたの奥底に潜む闇の部分が悪魔になってあらわれます。悪魔が危険な道に誘導してきたら、危険な世界を選ばないようにしましょう。ただし、悪魔と戦っている夢なら吉夢となり、危険なことは起こりません。

◆**天使**……○吉夢　あなた自身の良心が夢の中では天使となってあらわれます。現実が苦しいときに見ると、困難から抜け出せる暗示があります。もしも、天使が話しかけてきたら、その言葉をしっかり覚えておいてください。

◆神様……○吉夢　人生の転換期にあらわれ、あなたを幸運へと導くためのメッセージを発します。神様が光っていたら、すべての悩みも解決に向かい、体内のエネルギーが最高潮に達して何事にも良い結果になります。

◆怪獣……×凶夢　あなたの心の不安や恐怖のあらわれから、怪獣となって夢に出てきます。とくに大人より創造力豊かな子どもが見るケースが多く、怪獣は母親を意味しています。

怪獣を操れれば、親との関係も良好な吉夢となりますが、怪獣に襲われると精神的に追いつめられている状態なので、気分転換をはかりましょう。

◆ドラゴン（龍）……○吉夢　成功への道が見えてきて、昇進や周囲からの評価を得られることをあらわします。ただし、龍に振り払われる夢は現実に望んでいる目的には、まだまだ試練が必要な状態をあらわします。

◆おばけ……×凶夢　あなたが夢の中で、怖がっていたら健康面の疲れを暗示しています。また、おばけのように見えるけど黒い影のようなものなら、誰かに助けてほしいことが現実にある夢です。ただし、可愛いおばけがあらわれたら、心にゆとりがある暗示で幸運の兆しがあります。

◆恐竜……×凶夢　恐竜の夢は、強い重圧があなたにかけられて逃げることができない状態をあらわします。恐竜が暴れている夢なら、自分の感情が抑えられない暗示があります。ただし、あなたが恐竜に立ち向かっていれば圧力を弾き飛ばす力を持っている吉夢になります。

◆魔女……○吉夢　魔女は願いを叶えてくれるイメージがありますが、夢の中では、物事が思い通りに進められることをあらわします。また、運命が大きく変わる前兆でもあり、結婚を告げる暗示もあります。ただし、夢の中で魔女が悪いイメージであらわれた場合、嫉妬心を抱いている暗示があります。

◆ミイラ……×凶夢　ミイラの夢は、再生や束縛をあらわしています。包帯を巻かれたミイラや棺に入っているミイラは、人間関係であなたが束縛されているあらわれで、不自由に感じている状態から解放されたい暗示です。ただし、自分がミイラになっている夢は、今の自分を理解していて、新たな再生を目指している吉夢となります。

◆宇宙人……○吉夢　未知なるものへの好奇心や何かを期待しているときに夢にあらわれます。夢の中で宇宙人があらわれた場合、今まで出会ったことがないような人と巡り合う暗示があります。

◆UFO……○吉夢　UFOの夢を見たら、新たな才能を見つめることをあらわします。また、創造力が高まることも意味します。ただし、UFOに乗って飛んでいく夢は、現実から離れたい感情のあらわれですので、何か生活や仕事の見直しが必要な暗示です。

◆**妖精**……〇吉夢　妖精が夢にあらわれることは、あなたの心がおだやかな状態で物事を素直にとらえようという前向きな気持ちのあらわれです。また、妖精はけがれのない命をあらわし、あなたに生命力を宿してくれます。妖精と話す夢は、強い味方になって、あなたを守ってくれる吉夢です。

◆**小人**……〇吉夢　小人の夢は、あなたを守ってくれて、良い方向へ導いてくれるあらわれです。夢の中で、小人が何をしているか忘れないようにしましょう。あなたの隠れている才能を知らせてくれるサインです。

◆**人魚**……×凶夢　人魚の夢は、とくに恋愛をあらわすことが多く、見込みのない片思いをしている相手がいても、いずれ成就するという幻想を抱いている場合に、人魚としてあらわれて忠告している夢です。

場所に関する夢

ポイント

夢で見るさまざまな場所や風景は、あなたを取り巻く人間関係や仕事環境などの状態が場所としてあらわされ、その場所で見たもの、触れたもの、聞いた言葉などがキーワードになり構成されていると解釈されます。

・方角別にキーワードと健康面を関連づけると次のようになります。

東＝キーワード「再生」・健康面「肝臓」　南＝キーワード「立身」・健康面「心臓」

西＝キーワード「危険」・健康面「肺」　北＝キーワード「障害」・健康面「腎臓」

◆家……○吉夢

家というのは、そのものずばり環境です。しっかりとした家、きれいな家は安定した環境をあらわす吉夢です。

◆トイレ……○吉夢

トイレの夢は、金運に直結するといわれている吉夢です。とくに、きれいに掃除の行き届いたトイレで立派な排泄物を見た場合は、近い時期に臨時収入などが入る可能性が高いというメッセージです。

◆庭……○吉夢　夢の中であなた自身がどこかの庭にいる場合は、その庭の状態によって吉凶が分かれます。美しく手入れをされた庭であれば、やすらぎを意味する吉夢になりますが、放置され荒れた状態の庭の場合は、健康運に要注意の凶夢となります。

◆海……○吉夢　海を眺める、海で心地よい時間を過ごす夢というのは、安心感に包まれるという意味を持つ吉夢です。母親の胎内で過ごしていた胎児の頃のように、守られているという安心感から見る夢だと思ってください。ただし、激しく荒れる海や、海から得体のしれない怖い存在があらわれる夢などは、これから起こる波乱を示す可能性が高いので要注意です。

◆湖……×凶夢　夢の中にあらわれる湖は、あなたを映す鏡です。今の自分に自信が持てないときや、自分はこのままでいいのだろうか、と悩んでいる時期に見ることが多いようです。夢の中で湖の水に足を浸したくなったとしても、決して不安定な水の中に足を入れないようにしてください。湖面に映る自分の姿を見たくなったとしても、あまり近寄らずに、なるべく遠くから美しい景色を眺めるにとどめておきましょう。そうすれば、自分自身を客観的に見られるようになっていくことでしょう。

◆山……○吉夢　美しい山、高い山を眺める夢は、夢の中でもトップクラスの大吉夢です。とくに夢の中で山の稜線がくっきりと見える場合は、具体的で目に見える形の幸運が近いことをあらわす暗示です。

険しい山道を登っている夢は一見凶夢のように思えるかもしれませんが、ゆっくりであっても、あなたの運気が確実に上向きであるという吉夢です。あせらずに地道に頑張り抜けば、頂上に到達できるはずです。

◆映画館……×凶夢　映画館で映画を見ているなどの夢は、もっと人生を謳歌したい、もっと注目されたいという自己欲求のあらわれです。自分は華やかなスクリーンの外側の人間であるという劣等感が透けて見えます。もっと自分に自信を持ちなさい、という叱咤激励のメッセージだととらえましょう。

◆駅……

○吉夢　駅の夢は、とても意味深です。人生のターニングポイントを示す夢でもあり、あなた自身の心の底の迷いを暗示する夢でもあることでしょう。近いうちに人間関係に変化が訪れるかもしれません。

◆会社……

×凶夢　会社で働いている夢を見たとしても、その会社が実際の自分の職場で滞りなく過ごしている場合は単なる記憶の断片だと思ってほぼ間違いありませんが、もしも、まったく知らない会社で仕事に追われているとしたならば、それは警告の意味のある凶夢となります。予期せぬ時期に他人からなんらかの巻き添えをくう可能性があります。

よけいな疑いや周囲からの不信を買ったりしないように注意を払いましょう。

◆学校……◯吉夢

学校という場所は、学びの場です。夢の中であなたが学校にいる場合は、これからの困難に立ち向かう知識と体力を身につけているというメッセージです。しっかりと学んだのだから大丈夫！　という自信を持ちましょう。

◆階段……×凶夢

一般的には、上り階段は吉夢。下り階段は凶夢とされています。

階段の夢を繰り返し見る場合は、失敗を繰り返さないようにという警告の意味合いが強いので、自身の内面を深く見つめ直し、過去の言動をしっかりと振り返ってみましょう。

◆遊園地……×凶夢

遊園地で遊んだり乗り物に乗ったりしている夢は、一見楽しそうに思えますが、実は仕事や人間関係に行き詰まりを感じているという凶夢です。

とくにメリーゴーランドやコーヒーカップなどの定番の乗り物は、同じ場所をぐるぐる回ることへの虚無感のあらわれです。新しい出会いや環境が必要だと心が訴えているととらえましょう。

◆**動物園**……×凶夢　どんなに動物が好きな人であっても、自分が動物園にいる夢は凶夢となります。この夢には、とらわれることへの恐怖と、自由への渇望が隠れていると思ってください。海外旅行へ行って違う世界に触れてみるなど気分転換をはかり、十分な休養をとってリフレッシュすることがおすすめです。

◆**図書館**……○吉夢　図書館は知識の宝庫です。夢の中であなた自身が図書館にいるのであれば、既に必要な情報はそろっているはずです。情報をうまく整理して生活に役立てる努力をしましょう。

　図書館を外から眺めていて中に入れずにいる場合は、あなたに必要な情報がまだどこかに眠っているはずです。必要な知識をもっと追究してみましょう。

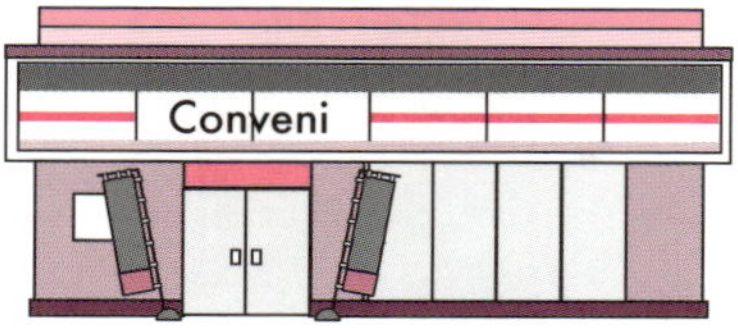

◆デパート…◯吉夢　あなたがデパートにいる夢は、あなた自身に選択の主導権がやってきたという吉夢です。デパートの中で何か欲しい品が見つかり、手に入れることができたなら大吉夢です。実生活で迷っていることがあるときにこの夢を見たならば、恐れずに選択をしなさいというメッセージです。

◆コンビニ…×凶夢　夢の中のコンビニは、手抜きやとりあえずといった人間関係の象徴です。もう少していねいに、腹を割って話し合うべき人が身近にいるのではないか、今一度自身の人付き合いを見直してみましょう。

◆屋上………◯吉夢　屋上に自分がいる夢は、上昇を意味する吉夢です。日が射す屋上でさわやかな風に吹かれていたら、近いうちに良いニュースが耳に入るかもしれません。

◆美容院……◯吉夢　美容院でイメージチェンジをする夢は、変身願望のあらわれでもありますが、方向転換に良い時期である、という意味の吉夢です。髪を切る夢は、これまでのしがらみを断ち切ることを意味しています。現実的な細々としたことを悩み続けるのはやめて、夢を追ってみるチャンスかもしれません。

◆ホテル……◯吉夢

あなたが大きなホテルにいる夢は、そこがホテルの一室であっても、ロビーであっても、誰かに会う必要があると伝えてくれています。あなたが会いたい人、または会うべき人がどこかにいるはずです。あなたの人生に大きな意味を持つ人がいると教えてくれている夢になります。

◆空港……◯吉夢

あなたが空港にいる、または空港に向かっているという夢は、これから先、もっと大きな視野を手に入れる必要があるというメッセージです。上空からの客観的視野が必要になる、仕事での昇進などに関わる吉夢ととらえましょう。

◆教会
神社・寺……◯吉夢　神聖な場所にいる夢の場合は、とても重要なことが多いので夢の内容をなるべく詳しく覚えておきましょう。その場所で見たもの、聞いた声、そのすべてが導きになります。夢の中の教会で礼拝をしたり、神社やお寺でお参りをしている場合は、あなたの願いに耳を傾けていてくれる人がいるということです。

◆銀行……◯吉夢　夢で銀行があらわれた場合は、チャンス到来という強いメッセージです。金銭的なことではなくても、何か迷っていることがあれば、この時期に決断してみましょう。金銭は現代社会での生活の基盤です。あなたが銀行の目の前や銀行の中にいる状態の夢を見たときに決断を下した事柄であれば、少なくとも生活に支障が出る結果にはならないことでしょう。

◆警察……×凶夢　警察署や警察官が夢にあらわれた場合は、あなたの中にやましさが眠っている、もしくはあなたに危険が迫っているという警告夢です。

何かやましいことがあるようであれば、大事になる前に早めに解決に向けた手を打つ必要がありそうです。

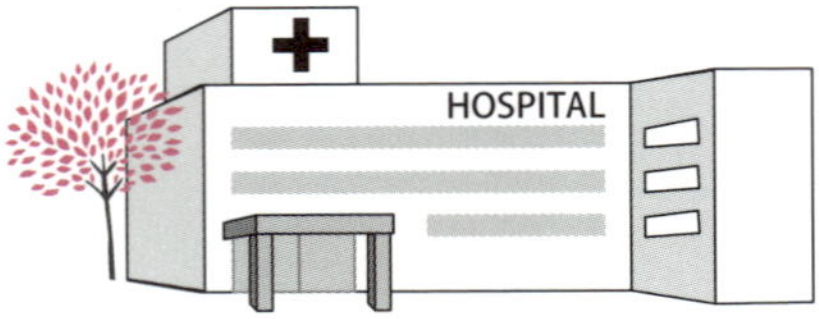

◆**病院**……×**凶夢**　病院で診察を受けたり順番待ちをしている夢は、とてもストレートに、あなたの心が休養を求めている証です。具体的な病気などの警告とは若干異なるかもしれませんが、心身のリフレッシュのために時間を使ってみてはいかがでしょう。

◆**刑務所**……×**凶夢**　刑務所の夢は、あなたのがまんのあらわれと解釈できます。気持ちを抑えている日々を送っていたり、閉塞感にうんざりしているときなどに見ることが多いようです。あなたの本音を吐き出す場所が必要です。

◆**公園**……×**凶夢**　公園の夢は、若干の現実逃避を含んでいます。心が疲れているときに見ることが多いようです。現実でもゆっくりと時間をかけて公園を散歩してみるなどの気分転換をしてみましょう。

◆花畑……◯吉夢　花畑で美しいお花が咲き乱れている光景を見たら、恋愛運が上昇しているというメッセージです。告白やプロポーズにはとてもいい時期だといえます。

◆森……◯吉夢　森は生命力の象徴です。美しく澄んだ森を散策している夢なら、あなたの生命力やエネルギーがみなぎっている証です。
今ならば、多少の無理をしても乗り越えられるパワーがあると信じて進んでみてください。

◆城……◯吉夢　お城は、名誉や権力の象徴です。夢の中で、城からあなたの居場所までの距離が近ければ近いほど、あなたに名誉が与えられるチャンスが近い暗示です。ただし、崖っぷちに建つ城の場合は、裏切りと背中合わせの危険をはらみますので要注意です。

◆地下……×凶夢　地下にいる、地下に向かうなどの夢は、自分自身が認めたくない心の一面を隠したいという凶夢です。

今まであまり気にしていなかった部分を欠点として指摘され、つらい思いをするかもしれません。

◆洞窟……×凶夢

洞窟の夢は、不安のあらわれです。とくに女性がこの夢を見た場合は、妊娠に対する不安であることが多いようです。

妊産婦が洞窟の夢を見たのであれば、おおらかな気持ちで日々過ごすように心がけましょう。妊娠を望まない女性が洞窟の夢を見た場合は、避妊をしっかりと行うように心がけ、心の負担を軽くするようにしてください。

◆墓地……○吉夢

お墓参りや墓地にいる夢は、たとえ知らない人のお墓や見知らぬ墓地であったとしても、とても貴重な予知夢の可能性があります。もしもその場で誰かと一緒だったり、誰かと会話を交わしたりしたのなら、その話にしっかりと耳を傾け、アドバイスとして受け入れておきましょう。

不思議な話ですが、生前は会うことのなかったご先祖様が夢にあらわれたという話もたくさんあることを心得ておきましょう。

◆踏切……×凶夢

踏切で遮断機が下りている夢は、タイミングの悪さが露呈したり、大幅な足止めをくうことになるという暗示です。何か大切な予定などがある場合には、できるかぎり対策を施しておいたほうがよさそうです。

◆砂漠……×凶夢

砂漠の夢は、絶望を象徴しているといわれています。金銭的に大きなダメージがやってくるかもしれません。投資などで少しでも不安を感じた場合は、早めの撤退が功を奏するでしょう。

不毛地帯に長くとどまることは危険であるという警告の意味もあります。

◆天国……○吉夢

天国の夢は、人によっては不吉と感じてしまうかもしれませんが、新しい世界があなたを待っているという温かいメッセージです。現在の地位に悩んでいるな

ら引退も良し、新しく何かを学びはじめるのも良し、不安にならなくても大丈夫ですよ、という吉夢です。

◆無人島……×凶夢　無人島で過ごす夢は、人によっては気ままでいいと思われるかもしれませんが、無人島自体は孤独の象徴です。周囲から孤立してしまったり、のけ者にされてしまう事態が起こるかもしれません。のんきで自分勝手に過ごす時間は棚上げにして、協調性を大切にするべき時期だと心得ましょう。

◆地獄………×凶夢　地獄の風景を夢で見たときは、このまま進めばつらい現実が待っているという警告夢です。どん底まで落ちて這い上がるか、その前に自分を見つめ直すか、厳しい選択を迫られるかもしれません。周囲の人に親切に接することを忘れないようにしましょう。

◆知らない場所……○吉夢　夢の中であなたが、まったく知らない風景や場所にいる場合は、今後の発展がとても期待できる状況にいるという暗示です。過去の自分の経験、これからの自分の希望する未来を今一度じっくりと見つめ、自分の進む方向を慎重に選びましょう。

◆宇宙……○吉夢

宇宙の夢は、想像力の象徴です。とても大きな流れの中に自分が存在していることを自覚した上で、光を見つけることが重要です。

慎重さを失わなければ、人としてとても成長できるきっかけをつかめるでしょう。

◆分かれ道…○吉夢

人生で大きな選択に迫られたときに見ることが多い夢です。ただし、夢の中で右を選んでも左を選んでも、現実世界には影響がないことがほとんどですのでご安心ください。

夢にあらわれる分かれ道は、単に選択に悩んでいる自分自身の潜在意識があらわれているものだと自覚しましょう。選択の瞬間にただひとつ必要なのは冷静さであると心得ましょう。

乗り物に関する夢

ポイント

乗り物の夢は、あなたや周囲の変化をあらわし、何に乗るのか、出発するのか、停止するのかで吉凶が異なります。また、現実に変化が起こってほしい望みから夢にあらわれることもあります。事故やケガを未然に防いだり、遭遇したり予知夢的なことも暗示しています。

◆エレベーター……×凶夢　あなたの環境状態が不安定に変わることをあらわしています。ただし、エレベーターが昇る夢なら良い変化が期待できますが、昇ったり降ったりする場合は、現実での判断ミスに注意しましょう。

◆エスカレーター……○吉夢　エスカレーターで昇る夢は、あなたの目標や願望が着実に上昇していることをあらわします。ただし、降りる夢は、現在の状況が間違った道に進んでいないか見直すことを暗示しています。

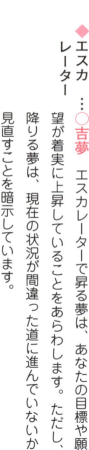

◆電車……◯吉夢 あなたの進路や仕事の方向性、一緒に乗っている人との関係が良好なら仕事も恋愛も順調をあらわし、不愉快なら今後の接し方を考えたほうがいいでしょう。満員電車なら、協力者が大勢いることをあらわします。ただし、電車に乗り遅れる夢は、大切なチャンスを逃すかもしれない暗示があります。

◆地下鉄……◯吉夢 地下鉄に乗る夢は、あなたが現実世界で目指している本当の目的を確かめたいあらわれです。一緒に乗っている人がいれば、協力して目標を達成できる暗示があります。ただし、地下鉄は暗いイメージがありますので、物事は慎重に進めることを示します。

◆自動車……◯吉夢 自分自身の感情をコントロールする度合いをあらわします。とくに肉体的や性的なことを強く暗示しています。スピードを出し過ぎている場合は、性的な欲求からコントロールできなくなってきていることを示しますので注意しましょう。

◆自転車……◯吉夢

自転車は、精神的な心のバランスをあらわし、気持ちよく乗っていれば、あなたの心が満足している状態を示します。また、自転車を手に入れる夢は旅立ちを告げていて、あなたの行動範囲を広げて幸運をつかむことを知らせています。

◆新幹線……◯吉夢

新幹線に乗って目的地に向かう夢は、希望と成功をあらわします。それも、近いうちに願いが叶う暗示があります。ただし、新幹線にあなたの席がなかったら現実世界に迷いがあるので、迷いを取り除くことを考えましょう。

◆船……◯吉夢

船は人生そのものをあらわし、あなたの現在の状況で夢は変化します。大きな船があらわれたら、目標達成の航路が順調であることを暗示します。ただし、あらわれている船や小さな船は、健康面の不安やストレスが溜まっている状態を暗示している凶夢になります。

◆バイク……◯吉夢

あなたの行動力をあらわし、現実世界で大きな目標を追求している状況を暗示している吉夢です。また、新しいバイクを購入する夢は、仕事や恋愛において本気で打ち込めるものを見出すチャンスが訪れる暗示があります。

◆バス………×凶夢

バスの夢は、周囲との協調性やあなたの社会性をあらわしています。また、バスを運転している夢は、責任のある立場に立たされる暗示があります。バス停でバスが通り過ぎていってしまう夢は、自分の影が薄いことをあらわしていて、協調性に欠けていることを示しています。

◆パトカー……×凶夢

近いうちに厄介な出来事が訪れることをあらわしていて災難を伴う凶夢です。また、心にやましいことがある人にとってよく夢にあらわれます。それは、神経が過敏になっている状態なので、体調を整えて何事にも対応できる準備をしておきましょう。

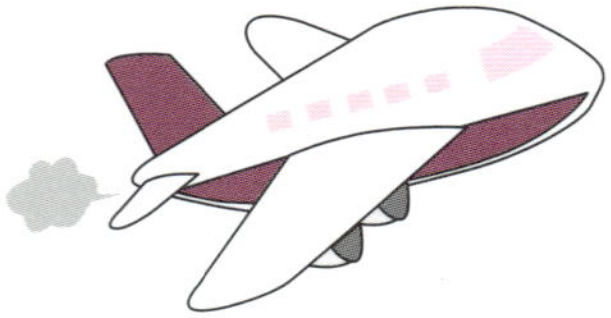

◆飛行機……○吉夢

大空を飛び回る飛行機は、自由やチャレンジ精神、旅立ちをあらわしています。とくに自分が操縦している場合は、運気が上昇気流に乗って好調に目標に向かう夢です。飛行機は、一度飛んだらあとには戻らないことから、自分の目指す道がはっきりしたことを暗示しています。

◆霊柩車……○吉夢

霊柩車の夢は、縁起が悪そうに思われがちですが、結婚や転職、転居など新たな門出を暗示している吉夢です。また、知人が遺体になって霊柩車に乗っている夢は逆夢で、その知人が幸福になれる夢です。

◆潜水艦……×凶夢

あなたの心の奥底を探ろうとしているあらわれです。現実世界での日常生活で人間関係のトラブルが生じたときや日頃の不満が溜まったときに見る夢です。また、潜水艦に乗ってどんどん海の底に潜っていく夢は、心を閉じる準備に入っているので注意しましょう。

金銭に関する夢

ポイント

金銭に関する夢は、愛情やあなた自身のエネルギーのあらわれです。また、金銭の使い方であなたが相手に対する愛情が判断されます。意外に逆夢が多く、大金持ちになる夢は貧乏になることをあらわします。

◆お金を……拾う ×凶夢　あなたがもっと愛がほしい状態をあらわしています。小銭ならまだ感情をコントロールできますが、大金の場合は欲求が高まっている暗示なので、悪い誘いには乗らないように注意しましょう。

◆お金を……失くす ×凶夢　人間関係のトラブルや大切にしている物を失う可能性がある凶夢です。自分が見直せるところがあれば、早急に対処したほうがいいことを告げています。

◆お金が……×凶夢　増える

夢の中で金持ちになった気分を味わうと、現実世界では気が大きくなっていることをあらわしていて、浪費や突然の出費でお金がなくなる暗示です。逆に財布の中身が空っぽだと臨時収入がある吉夢になります。

◆財布を……○吉夢　盗まれる

お金や財布を盗まれる夢は意外にも逆夢で、悩みが解消されたり何かを得るあらわれです。ただし、あなたが財布を盗む夢は、何かを失う凶夢になりますので気をつけましょう。

◆宝くじを…×凶夢　買う

叶わぬ願いを想像していて、自分の力を出さず楽を求めているあらわれです。大地に足をつけて、現実に目を向けることです。

◆宝くじが…×凶夢　当たる

宝くじが当たる夢は、まさに逆夢で金運低下のあらわれになり、思わぬ出費で経済的にピンチになる暗示です。目覚めてがっかりしますが、良い教訓と思い生活の見直しをしましょう。

◆ギャンブルをする……×凶夢　ストレスを感じている状態をあらわします。また、ギャンブルの夢をよく見る人は、日頃からパチンコや競馬などが習慣になっていて興奮度が強く、夢の中でも興奮状態で熟睡できず、健康運が低下します。

◆貯金をする……○吉夢　自分で蓄えたお金は、力が蓄えられたことをあらわします。あなたの隠れている潜在能力を意味し、自分の新たな能力が引き出される暗示があります。

◆財布を拾う……○吉夢　恋愛運が上昇してきていることをあらわします。運命的な出会いや、思いを寄せている相手との関係が急速に発展する暗示があります。また、何か問題を抱えているのであれば解決できる予兆です。

◆借金をする……×凶夢　お金を借りる夢は、現実世界でも悪いイメージがあります。夢の中でも同様で、誰かの助けを必要としていることをあらわします。突然の出費や金銭トラブルに見舞われる暗示があるので要注意です。

日用品に関する夢

ポイント

日用品には、身につける物や家庭に必要な物があります。日用品が夢の世界にあらわれると、あなた自身の自己表現がどの程度なのかを判断できます。また、物質的な側面も暗示しています。夢からどのようなメッセージがあるか読みとりましょう。

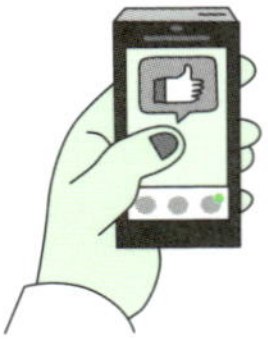

◆**携帯電話**……×凶夢　夢の世界でも携帯電話を気にしているのは、自分のペースが崩れていることをあらわします。また、現実世界でも携帯電話を持っていないと不安を感じるときは、そのまま夢にもあらわれます。

◆**時計**……×凶夢　時を刻む時計は夢の中では、あなたの鼓動をあらわします。また、夢の中の時計は、大切な約束が迫っていることを暗示しています。時間を無駄にしないことを忠告しているメッセージでもあります。

◆刃物……×凶夢　刃物は武器をあらわし、攻撃力や破壊力をあらわしています。自分が刃物を持っている夢は、人に対して敵意を持っているあらわれなので、ストレスを溜めないようにすることを告げています。

◆鍵……〇吉夢　新たな扉を開けることから、鍵の夢は将来を切り開くことをあらわしています。現在抱えている問題解決の糸口が見つかる暗示でもあります。鍵穴が合って扉を開くと、恋愛が順調で相性も良いことの暗示です。

◆鏡……×凶夢　夢の中の鏡は、あなた自身の心をあらわしています。鏡を見ている夢は、心に不安や悩みが多く自分の本当の気持ちを知りたい暗示があります。鏡に映ったあなたがきれいに見えたら吉夢ですが、くもっていたら病気の暗示があります。

◆パソコン……×凶夢　パソコンの夢は、あなたが現実世界で取り組んでいる物事が滞っていることをあらわします。もっと多くの情報を集めて解決策を探してください。パソコンが起動しない場合は、問題点が異なっていることを暗示しています。また、人間関係にも注意が必要です。

◆カメラ……×凶夢　カメラの夢は、あなたが興味を持ったものにレンズを向けることから、探究心、好奇心のあらわれです。カメラで異性を写していたら、その人との関係を深めたいという暗示です。自分自身を写していたら、自意識過剰のあらわれです。

◆宝石……○吉夢　光り輝く宝石は、あなたの大切なものをあらわし、家族や財産、自分自身であったりします。宝石が輝いている夢は、仕事の成功や家族間の安定を暗示しています。ただし、たくさんの宝石は強欲のあらわれで凶夢になりますので、現実世界での改善を忠告しています。

◆タバコ……×凶夢　タバコの夢は、ストレスが溜まっているときや休息を求めるときに見る夢です。また、タバコは体に悪

いのでやめようと考えている人は、夢の中でがまんができず吸ってしまい後悔しますが、夢の中でタバコを吸わなければ本当にやめられる暗示です。

◆地図……◯吉夢

あなたが進むべき道標をあらわし、人生の計画を立てて目的をしっかり示すことを暗示しています。ただし、地図を見ても目的地が見つからなかったり、ぼやけて見えたりしたら、人生の迷いや信念のないことを暗示する凶夢です。

◆手帳……◯吉夢

計画的に物事を進める誠意のあらわれです。また、手帳に書き込むことで大切なことを忘れてはいけないという暗示でもあります。

　具体的に日時が記憶に残り目覚めが良ければ、その日に幸運な出来事が起こります。ただし、目覚めが悪いときは、その日に期待を裏切るような不吉なことが起こりますので注意しましょう。

◆薬……×凶夢　薬の夢は、あなたの体調の回復や誰かに救いを求めていることをあらわします。自分で薬を調合している夢なら早く検診を。ただし、薬は再生をあらわすので、今病気中なら回復に向かう暗示があります。

◆ぬいぐるみ……×凶夢　夢の中のぬいぐるみは、あなたの心のさびしさを埋めるあらわれです。とくに、ぬいぐるみを可愛がっている夢は、人恋しくてあなたが可愛がられたい願望のあらわれです。

◆めがね……○吉夢　めがねは知性と教養をあらわし、めがねの夢は正しい判断や自分に何が必要かを知らせてくれる暗示があります。ただし、サングラスをかけている夢は、自分の考えを隠すことを暗示し、心を閉ざしている状態の凶夢になります。

◆傘……○吉夢　傘は、あなたを守ってくれることをあらわします。あなたが窮地に立たされているときや金銭的に困っているときに見ると、誰かが傘を差し出してくれる暗示があります。折りたたみ傘を開く場合は、何事も事前の準備が整っていることをあらわします。

◆冷蔵庫……〇吉夢 冷蔵庫の夢は、家庭環境や経済的な安定をあらわします。また、冷蔵庫の中に大切な物を入れている夢は、思い出や秘密を守っていきたい暗示です。

◆カレンダー……〇吉夢 カレンダーを見る夢は、何か重要なことが起こるあらわれで、計画的に物事を進めて失敗しない暗示です。ただし、カレンダーを見て不安を感じたら、事故やケガのあらわれなので注意してください。

◆本……〇吉夢 夢の中の本は、あなたが何かを学ぼうとしていることをあらわします。また、知識不足を補うために努力をしようと思う気持ちから夢にあらわれます。夢の中での本のタイトルが見えたら内容に大切なメッセージが隠れているかもしれません。

食べ物に関する夢

ポイント

夢の世界に食べ物が出てくる場合、欲求度や健康面に対して何かを忠告しようという暗示があります。また、社会的に満足しているかなども夢の内容で判断します。夢で見た食べ物を現実世界で食べたらストレスの解消ができることもあります。食べ物からのメッセージを受け止めてエネルギーを蓄える食べ方をしましょう。

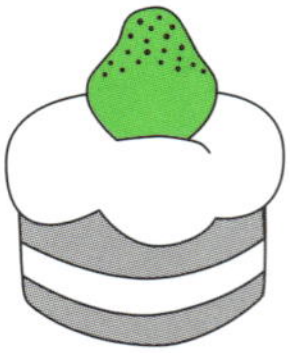

◆**アイスクリーム**……×凶夢　アイスクリームは甘くて口当たりのいい魅惑的な食べ物ですが、すぐに食べ終えなければ溶けてしまうという特徴があります。つかの間の誘惑などを象徴する食べ物ですので、甘い誘惑には気をつけましょう。

◆**ケーキ**……○吉夢　小さな子どもが、お誕生会でケーキを見て喜ぶ姿が浮かぶように、一般的にはケーキはお祝いを象徴する食べ物です。とくにお祝い事が控えている場合でなくても、ケーキをおいしそうに食べている夢などの場合は、

近いうちに今までの苦労が報われる、という吉夢になります。

◆チョコレート……×凶夢　チョコレートは緊急時のカロリー補給などにも適しているといわれているように、体調に直結するイメージのある食べ物です。もしも夢の中でチョコレートを食べていた場合は、無意識のうちにエネルギーの補給を欲しているのかもしれません。体調のダウンに気をつけましょう。

◆お菓子……◯吉夢　洋菓子、和菓子を問わず、お菓子全般は、あなたの心の余裕をあらわす吉夢となります。とくに、カラフルな洋菓子などは気持ちの余裕を、高級そうな和菓子は金銭的余裕をあらわしています。今は余裕がない状況でも、あせらずに時を待ちましょう。

◆お茶……×凶夢　お茶は、「とりあえず一服しましょう」というとてもストレートなメッセージです。何か行き詰まっている事柄を抱えているようなら、無理をして事を進めるのではなく、一時休止を選択する必要がありそうです。

◆牛乳……◯吉夢　牛乳は、人によっては好き嫌いの分かれる飲み物かもしれませんが、誰にとっても母の愛を象徴する吉夢です。牛乳を気持ちよく飲み干すような夢の場合は、周囲から無償の愛を受け、応援される場面が近いのかもしれません。

◆お酒……×凶夢　どのような種類のアルコールであっても、アルコールは誘惑の象徴です。冷静な判断ができなくなるような誘惑が近づいている可能性があります。誘惑に駆られて身を滅ぼすことがないように十分に気をつけましょう。

◆水……◯吉夢　水はどんな場合でも命の象徴です。おいしい水をごくごくと飲み干しているような夢を見た場合は、生命力がみなぎっているととらえましょう。逆に水が濁っていたり、まずいと感じた場合は健康面での注意が必要です。

◆くだもの…◯吉夢　とても多くの種類が存在するくだものは、実は種類によって若干の違いがあるのですが、大まかに分類すれば、くだものの夢は新鮮さを示す吉夢となります。新しい経験ができるチャンス到来ととらえましょう。

◆野菜………◯吉夢　くだものと同様に野菜も多くの種類がありますが、野菜は大地の恵みといわれるラッキーアイテムですので吉夢となります。野菜が夢の中で印象に残った場合は、広大な大地から生まれる小さな実りを意識して、小さな実りを見逃さないようにしましょう。

◆肉料理……×凶夢　肉を食したり、肉料理を目にするという夢は、欲求の高まりやフラストレーションの高まりを示す凶夢となります。頭に血が上りすぎて冷静な対応ができなくならないように気をつけましょう。

◆魚料理……〇吉夢　肉料理と違って、魚の夢は恋愛の成就や仕事の昇進などをあらわす吉夢になります。また、潜在意識の中に秘めている希望や目標を実行しようとしている暗示があります。魚料理を作る夢は、あなたが知恵や工夫をこらして努力しているあらわれで、おいしく味わっている夢は努力が報われる吉夢になります。なお、魚を釣り上げる夢は、喜び事が訪れる兆しです。

◆辛い食べ物……〇吉夢　意外に思われるかもしれませんが、辛い食べ物は、あなたにとって刺激的な出来事が起こることを知らせる吉夢です。平凡な毎日を送っている人にとっては朗報かもしれません。

◆ごちそう……×凶夢　ごちそうを目の前にしている夢を見た場合は、十分な注意が必要です。古典的な表現ですが、ごちそうはワナの象徴です。大きなワナや策略が仕掛けられている可能性があります。

服装に関する夢

ポイント

服装に関する夢は、あなたの社会的立場や仕事運を表現することが多いので、夢の中で印象的な服装をしていた場合は、なるべく詳細な部分を思い出せるようにしておきましょう。全体的な雰囲気やアクセサリーなども、意外な意味を持っている可能性があります。色や日用品の項目と合わせて判断すると答えが導きやすくなると思いますのでトライしてみてください。

◆スーツ……◯吉夢　スーツは社会的立場とともに、たくましさの象徴でもあります。社会人として自立し、居場所を確保していることの証です。自分の判断に自信を持って進んでいいというメッセージととらえましょう。

◆ネクタイ……◯吉夢　一般的にネクタイは男性の使用するアイテムですが、女性でもネクタイをしている夢を見る場合があります。男性でも女性でも、ネクタイをきっちりと締めている姿をしていた場合は、昇進が近いかもしれません。

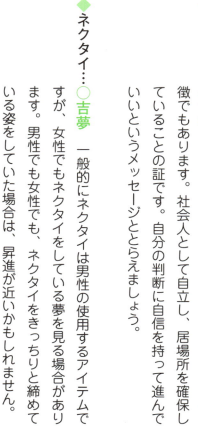

◆スカート……×凶夢　スカートは女性的魅力の象徴です。女性がスカートをはいている夢は、もっと自分をアピールしたいという欲求のあらわれで、男性がスカートをはいている夢を見た場合は変身願望のあらわれです。どちらにしても、現状に満足しきれていないという凶夢になります。

◆制服……◯吉夢　制服は集団生活の象徴であり、多くの人の中に溶け込んでいる自分をあらわす吉夢です。他人とのトラブルや周囲との軋轢《あつれき》を克服できるという自信を持ちましょう。今までに何かトラブルを抱えていた場合は、解決する時期の到来です。

◆下着……×凶夢　下着姿は性的な意味合いを連想させますが、下着姿の自分が夢に出てきた場合は、無防備の象徴です。無防備すぎる自分にもっと注意すべきという暗示です。

◆帽子……◯吉夢　帽子をかぶっている自分が夢に出てきた場合は、吉夢ととらえましょう。帽子は英知の象徴です。あなたが今まで蓄えた知識や経験が役に立つ時期が近いようです。新しいプロジェクトや、恋愛に対して積極的にチャレンジしてもいいでしょう。

◆靴……◯吉夢 靴は財力の象徴です。とくにきれいに磨かれた靴や新品の靴を身につけている場合は、社会的な地位が上がり財運アップの兆しかもしれません。逆に汚れた靴をはいていた場合は、財布のひもをしっかり締めておくようにしましょう。

◆手袋……×凶夢 自分自身が手袋を身につけている夢を見た場合は、周囲に警戒心を持って過ごすようにという警告です。また、自分以外の誰かが手袋をしていた場合には、その人が仲のいい知人であっても警戒が必要です。

◆指輪……◯吉夢 指輪は幸福の象徴です。とくに恋愛運に関わることが多いので、指輪をもらったり、指輪を贈ったりする夢の場合は、告白やプロポーズがうまくいくでしょう。

既婚者が指輪の夢を見た場合は、家族の幸せをしっかりと見直してみる必要があります。

◆コート……×凶夢　コートを身につけている夢は、自分を守る必要があるという警告夢です。意味もなくコートを身につけている場合は、油断せずに身を守る必要があるととらえましょう。ただし、寒さに震えているときに温かいコートを差し出される夢などは吉夢となります。

◆パジャマ……○吉夢　パジャマ姿の自分は、眠りに一番近い素の自分の姿だと思いましょう。パジャマ姿でこれから夢の世界に突入するという状況は、リラックスの象徴なので気負うことなく安心して明日を迎えましょう。また、片思いが実るというメッセージでもあります。

◆ウェディングドレス……×凶夢　幸せいっぱいの花嫁の姿は吉夢のように感じますが、実は願望が暴走しがちであるという凶夢になります。未婚の人がこのような夢を見た場合は、願望はまだ

先になるという暗示です。既婚の人がこのような夢を見た場合は、人生の再スタートを迎えるという暗示があります。

◆**喪服**………×凶夢　夢の中に喪服姿の自分自身が出てきた場合は、これからつらい別れを経験するかもしれないというメッセージです。ただし、つらい経験を肥やしにして立ち直ることができるという暗示でもあるので、粛々と時が過ぎるのを待ちましょう。

◆**着物**………×凶夢　美しく凛《りん》としたたたずまいの和服姿は外見からはわかりにくいものですが、実は身動きがとりにくくなっている自分をあらわしています。恋人への不満などがなかなか口にできずに、自分の中に蓄積しているというメッセージです。

◆**アクセサリー**…×凶夢　美しく輝くアクセサリーは、実は自己顕示欲や虚栄心を象徴する凶夢となります。誰かのために自分の時間や人脈を使わなければならない場面がやってくるかもしれません。身の丈に合った立ち居振る舞いを心がけましょう。

　また、ネックレスやブレスレットは、あなたのコミュニケーション能力や経済力などを暗示し、自分の魅力をアピールしたいという願望をあらわしています。

◆ネイル……◯吉夢

きれいに整えられ、お手入れをされているネイルは、自分の美への自信のあらわれです。自分のセンスや選択に自信を持って進みましょう。ダイエットは成功する可能性が高いのであきらめずに。

◆化粧……×凶夢

見るからに化粧をほどこした顔をしている人があらわれた場合は、裏切りや画策に注意が必要です。自分自身が念入りに化粧をしている場合は、この先、自分を殺して堪え忍ばなければならない局面がやってくるという暗示です。

スポーツに関する夢

ポイント

スポーツに関する夢は、あなた自身の試練を乗り越えられるかどうかをあらわしています。そして、乗り越えられたら現実世界での成功を手にすることを暗示しています。また、スポーツを楽しんでいる夢は行動力や観察力が高まっていることをあらわし、何事にも挑戦する勇気を与えてくれます。社会のルールやマナーにも通じるところがありますので、現実世界で生かしましょう。

◆野球……○吉夢 試合の勝ち負けに関係なく野球を楽しんでいる夢は、仲間との関係が良好であることをあらわしています。ただし、一人で野球をしている場合は人間関係に不安を感じていたり、何かストレスを抱えている状態をあらわします。

◆サッカー……×凶夢 あなたが目標を探して追いかけていることをあらわします。なかなか結果が出ないときに多く見る夢です。必死になってボールを追いかけてもボールを奪えない状態は、目標を見直すことを暗示しています。ただし、あなたがシュートを決めた夢ならば目標を達成できることをあらわします。

◆テニス……◯吉夢　あなたのコミュニケーション能力をあらわし、テニスを楽しんでいる夢は人間関係が良好で気分も爽快である状態です。また、テニスで勝利している夢は、仕事でも成功を遂げる夢です。

◆プロレス…×凶夢　プロレスは、あなたの自主性をあらわします。格闘技の場合は、勝てば吉夢で負ければ凶夢という判断です。また、戦う相手のたくましい姿が印象にあれば、あなたが上司や先輩に相談したい悩みがあることを暗示しています。

◆ゴルフ……×凶夢　夢の中でマナー違反をしていれば、現実でもマナーを守らないことをあらわします。また、金銭欲もあらわし、ゴルフでスコアをごまかしていれば、金銭にもだらしないと判断します。ただし、ホールインワンの夢は大きな幸運が舞い込む予兆です。

◆スキー……◯吉夢 スキーの夢は、現在のあなたが好調で充実した時間を過ごしているあらわれです。ただし、滑るスピードが速すぎる場合は、事故やケガの暗示があるので気をつけましょう。

◆登山……◯吉夢 山を登る夢は、あなたに意欲があることをあらわし、精神力のたくましさと積み上げた努力で目標を達成させる夢です。悪天候になっていたら体調の悪化を暗示していますので、健康状態を確認してください。

◆マラソン……◯吉夢 マラソンの夢は、体力の充実、精神的なコンディションをあらわしています。時間配分を考えながら自分のペースを守ってゴールしていれば、現実世界での努力が報われることでしょう。ただし、走ることを途中であきらめたら、健康状態を心配してください。

色に関する夢

ポイント

心理学の世界でも、赤色は興奮する色であり、青色は冷静になる色であることは広く知られています。夢の世界でも、あなたの精神状態が色の違いで判断が変わる場合が多いことをあらわします。また個人的な違いはありますが、無意識にさまざまな色を見て、あなたの意識の中で好きな色や嫌いな色など自分の中でその色のイメージを作り上げているのです。行動や感情などと組み合わせることで、より深い判断ができるでしょう。

◆赤色………×凶夢　情熱的、活動的などをあらわしますが、夢の中で赤色が記憶に残っていたら、無意識に注意信号を知らせています。何事にも夢中になり過ぎる傾向があるので、現実世界では冷静な行動をとるようにとのメッセージになります。

◆白色………○吉夢　清潔さや誠実さをあらわし、あなたの願望を叶える吉夢になります。とくに白い動物は神様の使いを暗

示していて、会話ができれば幸運に導く啓示なので、しっかり覚えておきましょう。

◆黒色……×凶夢

黒色は、無意識の中で暗黒の世界や暗闇をあらわしていて、悲しみや孤独の意味があります。夢の中で黒が印象に残った場合は、健康運の低下や争い事に巻き込まれる暗示があります。

◆グレー……×凶夢

グレーは白と黒が混ざった色で、物事があいまいであることをあらわしています。恋愛や仕事がはっきりしていない暗示があります。また、イメージとして冷たいコンクリートを思い描くところから、心が冷めている状態を意味します。

◆青色……○吉夢

青色の印象が残る夢は、感情を落ち着かせ精神の安定をあらわすことから、直観力や集中力が高まり、自分の新たな可能性を引き出せる暗示があります。また、目覚めたあとも頭がスッキリした気分を味わえます。

◆**緑色**……〇吉夢　緑色の印象が残る夢は、気持ちがおだやかな状態のときにあらわれる色です。またきれいな緑色は、健康面や人間関係での不安もなく、心が安定していることを暗示しています。ただし、暗い緑色のケースは病気に注意してください。

◆**黄色**……〇吉夢　夢の中の黄色は、太陽をイメージさせてエネルギーがあふれ出ることをあらわします。自分自身も太陽のように輝き、多くの人を惹きつける魅力を発揮できる暗示があります。ただし、汚れている黄色は金運低下の暗示なので、注意信号と判断して無駄遣いをしないようにしましょう。

◆**ピンク**……〇吉夢　ピンクは、恋愛だけではなく家族や友人との絆を強めたり、冷めている愛情を再生することをあらわします。美しいピンクなら、あなたがさまざまな愛情に対して満足していることを暗示しています。

WIN

◆オレンジ色……◯吉夢

オレンジ色は太陽の色でもあり、心の充実や活動的になることをあらわします。また、仏教では衣の色をあらわし信仰心や尊さを暗示し、自然の恵みや大切さを夢の中で知らせています。

◆紫色……◯吉夢

紫色は、赤色と青色が混ざった色で「高貴と下《げ》賤《せん》」や「安心と不安」の二面性を持っていることをあらわします。きれいな紫色ならあなたの創造性や魅力が上がる暗示になり吉夢ですが、暗い紫色だと精神の疲れや不安のあらわれを意味しています。

◆金色……◯吉夢

金色は光輝き、すべてを照らすことをあらわします。金運を導く代表色でもあり、困難から脱出できる暗示があります。また存在感が増し、人の上に立って頭角をあらわす夢です。

時間に関する夢

ポイント

時間に関するものは、けっこう夢で見ます。現実世界で時間に追われたり予定を立てて月日を合わせたり、どうしても記憶しなければならないことがたくさんあるからです。また、重要な打ち合わせや取引先との約束など精神的な緊張感を暗示していて夢の世界に出てくるのです。過去に戻って今を変えたいと思ったことはありませんか。これは、現実逃避のあらわれでもありますが、夢の内容によっては、過去の状況から現実問題の解決策を与えてくれることもあります。夢の環境をしっかり覚えて凶夢を吉運に変えましょう。

◆**朝**……○吉夢　一日のはじまりをあらわす朝を感じる夢は、新たなスタートを示しています。希望を抱いて物事に挑戦する意欲が湧き出てきます。とくに朝の光を浴びていたら最高の上昇運を暗示しています。

◆**昼**……○吉夢　夢の世界が昼間なら、あなたのエネルギーが充電されていくことをあらわします。昼間の時間が長く感じたらエネルギーも十分に溜まり、活動開始を知らせています。ただし、昼間なのに薄暗い夢なら、エネルギーが不足していることを暗示しているので、大きな勝負は避けることです。

◆夕方……×凶夢

夕方はこれから休息に入ることのあらわれで、物事が完結に向かうことを示しています。現実世界では、そろそろ世代交代や跡目問題の不安を暗示しています。ただし、夕焼けなら次の世代に未来が開ける吉夢となります。

◆夜……×凶夢

夜は休息や静寂をあらわしていて、動物は夜に寝て朝から活動するイメージですが、夢の中で夜に活動していることは、恐怖心や防衛本能のあらわれです。心が闇の中に隠れたい暗示から孤独、不安を意味します。

◆過去に行く……○吉夢

過去に行く夢は、良くも悪くもあなたの思い出があらわれるもので、現実世界で難題を抱えている場合には過去の自分が夢に出てきます。これは、問題解決のヒントが隠れている吉夢です。

◆未来に行く……×凶夢

未来を意味することは、今後の計画事がスムーズにいかない恐れや不安のあらわれです。慎重に行動しないと危険を意味する忠告です。とにかく遠い未来を感じたら自分では制御できない暗示なので、誰かに相談するようにしましょう。

◆遅刻する……×凶夢

何事にも遅刻する夢は、その場面に応じたことを忠告しています。取引先に遅れた夢は商談が決裂する暗示であったり、デートに遅れる夢は相手の気持ちがなくなっている暗示があります。ただし、あなたの責任感が夢にあらわれますので、気を引き締めて取り組めば吉夢にも変わります。

◆休み……×凶夢

心身の疲れからあらわれる夢で、夢の中でも休んでいる状態なので無理しないことを暗示しています。

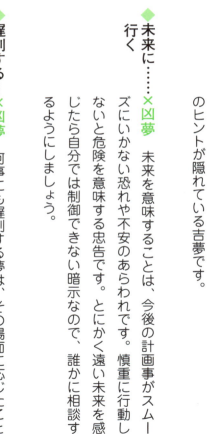

無理をしすぎると、仕事や学校で大きなミスを起こしてしまうことも忠告しています。

◆正月……〇吉夢　あなたが来年を意識したときにあらわれる夢で、楽しい正月を過ごしている夢ならば精神的に安定した一年になります。また、めでたい出来事が起こる暗示でもあります。悲しい正月の夢なら、身内の不幸や事故、ケガに注意して安全に過ごすようにとの忠告です。

◆クリスマス……×凶夢　日本人が見るクリスマスの夢は、普段の生活から脱出したい願望のあらわれです。ただし、クリスマスパーティーで賑やかに過ごしている夢は吉夢なので、近いうちに良い知らせが舞い込むでしょう。

◆誕生日……〇吉夢　あなたが祝ってもらう夢は、現在の人間関係がうまくいっているあらわれです。また、新しい物事がスタートする暗示もあります。誰かの誕生日を祝ってあげていたら、その人との関係がさらに深まります。

参考文献

「よくあたる！ 夢占い事典1000」（マリィ・プリマヴェラ著／永岡書店）

「ズバリ的中！ 夢占い事典」（武藤安隆著／日本文芸社）

「夢占い」（梶原まさゆめ著／主婦の友社）

「詳細　夢解き事典」（不二龍彦著／学研）

「細密　夢占い事典」（秋月さやか著／学研）

「大人の夢占い」（河合祐子著／日本文芸社）

編集協力／株式会社東京出版企画
オフィス・スリー・ハーツ
カバーデザイン／若林繁裕
本文DTP／松下隆治

あなたの深層心理がわかる
開運夢占い

2017年12月1日　初版　第1刷発行

編著者　神宮館編集部
発行者　木村通子
発行所　株式会社 神宮館
〒110-0015　東京都台東区東上野1丁目1番4号
電話　03-3831-1638（代）
FAX　03-3834-3332
印刷・製本　誠宏印刷株式会社

ISBN978-4-86076-456-2
Printed in Japan
神宮館ホームページアドレス　http://www.jingukan.co.jp
17Z01120